Familien-
forschung

Pat Lauer

Familien-
forschung

So erstellen Sie Ihre
Ahnentafel

Bassermann

Inhalt

Bei Geburtstagen, Jubiläen und anderen Familienfesten kommen die Generationen ins Gespräch.

*Bild Seite 2: In Bibliotheken wie der des Klosters Krems-
münster (Österreich) ist das Forschen doppelt schön.*

Das eigene Familienwappen – Einführung in die Heraldik

Anhang – Ansprechpartner und Adressen

Die Angestellten von Archiven und Bibliotheken helfen Familienforschern gerne bei der Recherche.

Zurück zu den Wurzeln

Fragen wie »Woher komme ich« und »Wer bin ich« beschäftigen nicht nur Jugendliche auf ihrer Identitätssuche, sondern eigentlich jeden Menschen, der um seine Wurzeln wissen will. Die Geburtsstätten der Eltern dürften den meisten Mitmenschen noch geläufig sein, und vielleicht ist auch das Haus der Großeltern noch ein Begriff. Doch spätestens beim Urgroßvater versiegt zumeist das familieninterne Wissen, und wer gar wissen möchte, warum im Pass der Name »Kowalzyk« oder auch »Müller« auftaucht, muss endgültig passen. Und dabei wär's doch recht spannend zu erfahren, ob man tatsächlich noch weitläufige Verwandtschaft um Warschau und Posen hat und ob da nicht tatsächlich ein leibhaftiger Mühlenbetreiber der Begründer der eigenen Familiengeschichte war.

Jede Familie hat ihre unverwechselbare Geschichte, die jedes einzelne Familienmitglied prägt. Licht ins Dunkel dieser mitunter weit zurückliegenden familiären Wurzeln lässt sich mit Hilfe der Genealogie bringen.

Die Beschäftigung mit der eigenen Historie kann vor diesem Hintergrund also nicht nur sehr spannend und unterhaltsam sein, sondern darüber hinaus auch Kreativität, Engagement und abstraktes Denken in hohem Maße fördern. »Ahnenforschung« wurde diese Thematik in früheren Zeiten genannt – heute spricht man in diesem Zusammenhang von Familienforschung oder auch Genealogie.

Faszinierende Zeitreise

Bis vor wenigen Jahren galt die Genealogie noch als leicht snobistisches Hobby spinnerter Adliger, die es sich zur Lebensaufgabe gemacht hatten, die Bedeutung ihres Hauses anhand eines möglichst lange zurückreichenden Stammbaums nachzuweisen. Heute aber haben die »Blaublütigen« längst nicht mehr den Status von einst, und auch

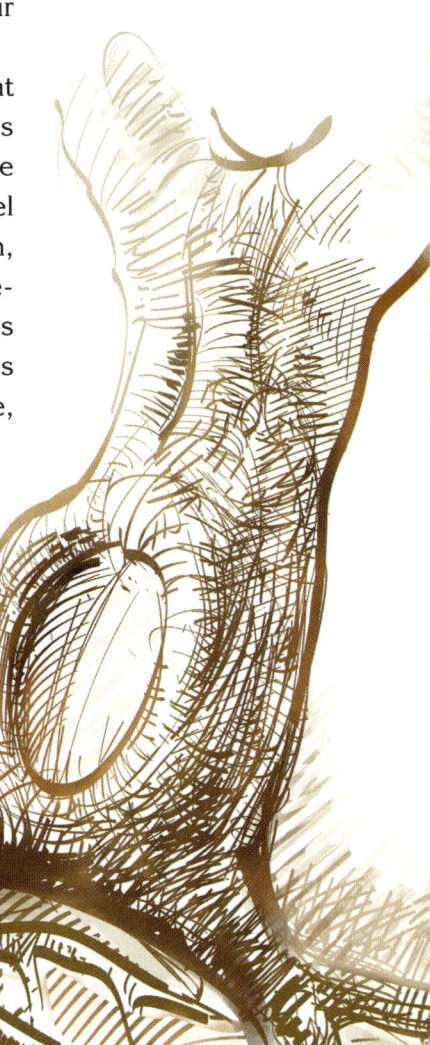

wenn's durchaus interessant sein kann, herauszufinden, dass die Wittelsbacher schon vor einem halben Jahrtausend aktiv in Wirtschaft und Politik waren, ist dies für Otto Normalverbraucher nicht mehr von großem Interesse.

Nein, es kann und wird für uns viel spannender sein, zu erforschen, wo unsere bürgerlichen Ahnen ihre Wurzeln hatten, wie das Schicksal ihnen mitspielte, wohin es sie verschlagen hat und damit natürlich die Antwort auf die Kernfragen: Wie kommt's, dass wir hier sind und nicht irgendwo anders. Wie kommt's, dass wir heißen, wie wir heißen und wo liegen unsere Wurzeln?

Missverstehen Sie mich bitte nicht: Familienforschung hat in der Regel wenig mit Freiheit und Abenteuer zu tun. Es geht nicht um Selbstbestätigung und Eitelkeit. Und die Möglichkeit, dass Sie einen lange verschollenen Erbonkel aufspüren und sich ihm nachhaltig ins Gedächtnis rufen, ist ebenfalls denkbar gering (wenn auch nicht ausgeschlossen). Doch können Sie immerhin sicher sein, dass dieses Hobby ihren Intellekt fordert und fördert und dass Sie eine faszinierende Zeitreise unternehmen – eine Reise, die Sie bis zu den eigenen Wurzeln führt.

Dieses Buch soll Ihnen helfen, die anfänglichen Stolpersteine auf dieser interessanten Reise aus dem Weg zu räumen, soll Ihnen Aufschlüsse geben, Ansprechpartner und Anhaltspunkte vermitteln und Sie letztlich auf jedem Abschnitt Ihres Weges in die Vergangenheit unterstützen.

Viel Spaß beim Lesen!

Es ist faszinierend, zu erforschen, wie unsere Vorfahren unseren Namen, Wohnort oder auch unseren Beruf mitbestimmt haben.

Motive für Familien- forschung

Bis heute hält sich in der wissenschaftlichen Welt die Vor- liebe für Bezeichnungen aus dem Lateinischen. So werden wir also auch beim Wort »Genealogie« im Wortschatz dieser »Sprache der Gebildeten« fündig und können folgende Ab- leitung entdecken: »Genus« steht für Stamm, Sippe und Familie ebenso wie für den deutschen Begriff »Abstam- mung« oder »Herkunft« und der Rest des Begriffs leitet sich – wie bei vielen wissenschaftlichen Fachtermini – vom alt- griechischen Wort »Logos« (Lehre) ab. Genealogie bedeu- tet also »Die Lehre von der Familie«, ebenso die »Die Lehre von der Abstammung«. Im Deutschen verwendet man allerdings in der Regel die Begriffe »Familienforschung« oder auch »Familienkunde«. Der ehemals gebräuchliche Begriff »Ahnenforschung« gilt in Fachkreisen als antiquiert.

Ahnenforschung sagt heute eigentlich niemand mehr. Dieser Begriff ist zu altmodisch für eine Wissenschaft, die mit moderner Metho- dik betrieben wird.

Genealogie – was ist das eigentlich?

Nun wäre es sicher vermessen zu behaupten, dass jeder, der ein bisschen in der Historie der eigenen Familie herum- stöbert, gleich als Genealoge bezeichnet werden darf. Die »echten« Wissenschaftler, die sich über Jahre und Jahrzehn- te mit dieser Thematik befassen, müssen sich nämlich auch in anderen Themenbereichen gut auskennen. Zu nennen sind hierbei in erster Linie die »Heraldik« (Wappenkunde, siehe Seite 121ff.) sowie die »Sphragistik« (Siegelkunde). Allerdings ist das Hobby »Familienforschung« ohne die Erkenntnisse und Vorarbeiten der Genealogen überhaupt nicht vorstellbar. Diese liefern nämlich die Grundlagen, die

Bild links: Drei Generatio- nen auf einem Gruppen- bild von 1928.

Arbeitsmethodik und die notwendige Fachliteratur. Andererseits profitieren auch die »Profis« von den »Amateuren«: Das, was Hobbyforscher in jahre- und jahrzehntelanger, mühsamer Recherche ermittelt haben, dient dem professionellen Forscher nicht selten als Grundlage für weitergehende Arbeiten und Erkenntnisse. In kaum einer anderen Wissenschaft funktioniert die Symbiose zwischen Fachleuten und begeisterten Laien so gut wie in der Genealogie und in kaum einem anderen Fachgebiet sind die Grenzen zwischen diesen beiden Gruppen schwerer zu ziehen.

Eine für beide Seiten fruchtbare und Gewinn bringende Verbindung: hoch motivierte Hobbygenealogen und Wissenschaftler im gegenseitigen Austausch.

Weltgeschichte im Kleinen

Je intensiver sich ein Hobbyforscher mit den Wurzeln der eigenen Vergangenheit beschäftigt, je mehr Literatur er studiert und je mehr Quellenforschung er betreibt – desto eher wird er in Bereiche vorstoßen, die für den Historiker von Interesse sind.

Ein Beispiel: Findet der Hobbyfamilienforscher im eigenen »Stammbaum« Menschen, die in einer bestimmten Zeit mehrfach umgezogen sind, deren Nachnamen sich binnen zweier Generationen in der Schreibweise entscheidend verändert haben oder die eine ungewöhnlich hohe Kindersterblichkeit zu verzeichnen hatten, so liefert dies Anhaltspunkte, die weit über die Geschichte der eigenen Vorfahren hinausgehen.

Die eigene Familiengeschichte ist immer eingebettet in große historische Zusammenhänge, die wiederum ihren Wiederhall im Leben der »einfachen Leute« fanden.

Fragen, die in diesem Zusammenhang nach einer Antwort streben, könnten beispielsweise sein: Wurden meine Vorfahren zum Umzug gezwungen? Wenn ja, warum? Und wohin? Wie hat sich ihr Leben verändert? Waren die Lebensbedingungen hart? Wurden sie gar verfolgt?

Stellt man diese Fragen in einen historischen größeren Kontext, so lässt sich große Weltgeschichte in einem quasi

»privaten Rahmen« erfahren und begleiten – für den professionellen Genealogen werden dadurch Erkenntnisse über die Auswirkungen der »großen Geschichte« auf die »kleinen Leute« gewonnen.

Warum betreibt man Familienforschung?

Es ist noch nicht allzu lange her, da wurde die Familienforschung von den meisten als eine Art harmlose Spinnerei betrachtet. Dieses Vorurteil hatte vielfältige Ursachen und war zuweilen auch nicht ganz falsch. Hauptgrund war die Tatsache, dass sich viele Hobbygenealogen das Ziel gesetzt hatten, in der eigenen Ahnentafel möglichst schnell und gründlich eine »adelige Herkunft« nachzuweisen und sich damit stante pede selbst zum »Blaublut« zu erklären. Nicht selten weitete sich dieser Wunsch gar zu einer gewissen Besessenheit aus, und wenn diese Hobbygenealogen tatsächlich zu einem Erfolg auf ihrer Suche kamen, gaben sie sich zuweilen übermäßig snobistisch.

Hinzu kam, dass den geschichtsbewussten Forschern gerne eine lächerliche Hinwendung zur Nostalgie vorgeworfen wurde und man sie auch als »ewig Gestrige« titulierte – eine Bezeichnung, die den Genealogen sicherlich in keinster Weise gerecht wurde.

Dies immerhin hat sich mittlerweile geändert – die Traditionen, Werte und der Alltag in der Historie sind nicht mehr nur für verstaubte Nostalgiker von Interesse, sondern immer häufiger auch für junge Menschen, die willens sind, etwas über die eigenen Wurzeln zu erfahren und vielleicht sogar Lehren und Erkenntnisse daraus zu schöpfen. Die Gegenwart ist ohne Zukunft sicherlich nicht denkbar – ohne Vergangenheit jedoch ebenfalls nicht.

Aus der Vergangenheit lernen, um das Heute besser verstehen zu können, dazu trägt auch die Genealogie bei. Denn wer um seine Wurzeln weiß, kann somit sicherlich auch seine jetzige Situation adäquat einschätzen.

*Bremerhaven, 1903:
Deutsche Auswanderer
gehen an Bord eines
Schiffes nach Amerika.*

Ein unerwarteter Geldsegen dank eines bis dato unbekannten und vielleicht fernen Familienmitglieds – dieses moderne Märchen ist schon manchmal Realität geworden und hat insgeheim sicherlich auch so manchen Hobbygenealogen bei seiner Arbeit beflügelt.

Der reiche Erbonkel

Bei der Recherche zur Familiengeschichte auf einen reichen Erbonkel in Übersee zu stossen, davon mag wohl der eine oder andere Familienforscher träumen. Nun, die Wahrscheinlichkeit bei der eigenen Suche auf so eine willkommene Person zu stoßen, ist nicht unbedingt sehr groß, doch andersherum betrachtet »wird ein Schuh daraus«. Immer wieder nämlich finden sich in großen Tageszeitungen Anzeigen, in denen nach Erben gesucht wird.

So starb beispielsweise 1986 im amerikanischen Bundesstaat Ohio der einzige Nachkomme einer Schweizer Auswandererfamilie. Der im Alter von 87 Jahren verstorbene, märchenhaft wohlhabende Rentner, hinterließ weder ein Testament noch in seiner amerikanischen Heimat irgendwelche Erben. Da jedoch seine Schweizer Herkunft und auch der ursprüngliche Familienname bekannt waren, ließ der beauftragte Notar in mehreren großen Schweizer Tageszeitungen Anzeigen schalten, in denen nach Verwandten des Verstorbenen gesucht wurde. Dabei meldete sich unter anderem auch ein Hobbygenealoge, der mit Hilfe des von ihm selbst erstellten Familienstammbaums eindeutig seine relativ enge Verwandtschaft zu dem toten »amerikanischen Onkel« nachweisen konnte. Er erhielt aufgrund dieses Nachweises den »Zuschlag als nächster Verwandter« und einen Löwenanteil des Erbes, das sich insgesamt immerhin auf rund 3,4 Millionen Dollar belief.

Der Nachname und die familiäre Vergangenheit

Facettenreich wie die Geschichte selbst waren und sind auch deren Akteure, also unsere eigenen Vorfahren, in deren Leben sich die große Geschichte quasi im Kleinen wieder findet.

Ferner vermittelt die Genealogie dem Interessierten den Umgang mit Themen, die die ureigene Vergangenheit, die eigene Herkunft und die eigenen Wurzeln betreffen. Hier lässt sich – mit ein bisschen Glück und Akribie – erforschen, warum der eigene Nachname so und nicht anders lautet. Hier verbindet man mit den Gestalten aus der Vergangenheit Menschen aus Fleisch und Blut – Blut, das auch durch die eigenen Adern rinnt.

Ist es nicht interessant herauszufinden, dass man heute in Weißrussland aufwachsen würde, wenn nicht der eigene Urururgroßvater eine Anstellung als Stallmeister in Polen gefunden hätte? Und vielleicht wäre Polen die Endstation der Familie gewesen, wenn – ja wenn nicht die Ururgroßmutter ins Preußische geheiratet hätte.

Sicherlich – es ist auch ein Spiel mit den Möglichkeiten. Was wäre wenn? Diese Frage beherrscht natürlich die Genealogie in hohem Maße, doch darüber hinaus bietet diese Wissenschaft auch die Möglichkeit zu einer Zeitreise in die eigene Vergangenheit. Sind die Entscheidungen meiner

Fragen, auf die man im
Rahmen von genea-
logischen Recherchen
vielleicht eine Antwort
findet: Gibt es in meiner
Familie eine Tradition
oder eine politische
Ausrichtung, die sich
schon seit Generationen
fortgesetzt hat? Zeichnen
sich schon in der Ver-
gangenheit Vorlieben
und Neigungen meiner
Ahnen ab, die auch mein
Leben bestimmen?

Vorfahren nachvollziehbar? Hätte ich mich genauso ent-
schieden? Wie haben sie gelebt, wie sind sie gestorben?
Hatte ihr Leben den Sinn, nach dem sie suchten, war ihr
Tod friedlich oder gar grausam und vergebens?

Fragen über Fragen

Um sich solche Fragen stellen zu können und sie auch
noch zu beantworten, bedarf es natürlich einer Menge Arbeit und einer gehörigen Portion Glück. Denn in den meisten Fällen wird man bei der Forschung nach den Ahnen
höchstens Namen und die wichtigsten Lebensdaten finden.
Zuweilen aber könnte es auch sein, dass in abgelegenen
Archiven, in alten Verzeichnissen und sogar in längst vergessenen Speichertruhen schriftliche Zeugnisse gefunden
werden – Zeugnisse, die einen Eindruck vermitteln von
dem, was die Familie in früheren Generationen darstellte.
Und wenn man in der Lage ist, diese Eindrücke, aber auch
die Daten, Fakten und Namen in einen Zusammenhang
mit der großen Geschichte zu bringen, so erhält man im
Laufe der Monate und Jahre einen faszinierenden Einblick
– ein buntes Panoptikum gelebter Geschichte.
Wie hat sich beispielsweise die Paulskirchenrevolution auf
meine Vorfahren ausgewirkt – hat sich Familie Müller
tatsächlich den schwadronierenden Bauern angeschlossen
und warum? Lassen sich meine politischen Überzeugun-
gen, die ich von meinem Vater übernommen habe, noch
weiter zurückverfolgen? Hatte Bismarcks Einigungspolitik
tatsächlich Auswirkungen auf das politische Verständnis
meiner Familie? Welche Änderungen erfuhr mein Urururgroßvater durch den Ausbau der deutschen Eisenbahn-
linien? Wären wir heute noch Fuhrleute, wenn er sich nicht
damals notgedrungen als Krämer verdingt hätte? Die
Beispielreihe ließe sich natürlich beliebig fortsetzen.

Unterhaltsame Sammelleidenschaft mit Folgen

Darüber hinaus bietet die Genealogie natürlich auch die Befriedigung eines zutiefst menschlichen Bedürfnisses – des Sammelns. Wie allgemein bekannt sein dürfte, ist das Sammeln und Archivieren von Briefmarken, Münzen, Streichholzschachteln oder Postkarten seit jeher ein beliebter Zeitvertreib. Der Familienforscher hingegen sammelt Namen – Namen und Daten aus der Vergangenheit. Sein Vorteil: Er wird nie zu einem Ende kommen. Immer – auch nach der 7. oder 8. Generation, die er ermittelt hat, werden Lücken offen bleiben, gibt es ungelöste Rätsel, verschollene Zahlen und Geburtsdaten und stets bleibt die Frage: Was (oder wer) war davor? Nun mag diese Unendlichkeit für den einen oder anderen eher ein Grund zur Resignation sein – für den begeisterten Familienforscher ist sie jedoch vielmehr ein Anlass zur Euphorie. Langeweile ist ausgeschlossen – es wird immer Puzzelstücke geben, die es einzusetzen gilt.

Ahnenforschung – eine Familienangelegenheit

Wenn Sie zum Beispiel einen ansprechend aufgezeichneten Stammbaum in petto haben und möglicherweise sogar über Einzelschicksale des einen oder anderen Vorfahren referieren können, so dürfte Ihnen die Aufmerksamkeit der meisten Zuhörer auf einem Familienfest gewiss sein. Nichts interessiert die meisten Menschen bekanntlich mehr als die eigene Herkunft – und von Angehörigen zu erfahren, von deren Existenz man bis dato noch nicht in irgendeiner Form wusste, ist besonders faszinierend. Sogar in meinem eigenen Bekanntenkreis habe ich dafür schon Beispiele erlebt.

Wie die Bausteine eines großen Puzzels reihen sich im Lauf der Zeit die erforschten Familienmitglieder aneinander, und langsam aber stetig fügt sich alles zu einem bunten und realistischen Bild zusammen.

So trug beispielsweise der Onkel meines Freundes Jochen im Familienkreis die Ergebnisse seiner Ahnenforschungen vor. Jochen selbst hörte eigentlich nur mit halbem Ohr hin, wurde dann aber hellhörig, als der Onkel von einem verschollenen Zweig der Familie berichtete, der wohl in den USA ansässig sein müsse.

Jochen, dessen Traumland seit jeher Amerika war, begann nun selbst – anknüpfend an die Ergebnisse des Onkels – mit ausgedehnten Forschungen zur Familiengeschichte, fand tatsächlich diverse Mitglieder dieses einen Familienzweiges in den Vereinigten Staaten, nahm Briefkontakt auf, wurde eingeladen und später tatkräftig bei der Einbürgerung in die USA unterstützt. Seine neue »alte« Familie besorgte ihm eine gute Arbeit und machte ihn schließlich sogar mit seiner jetzigen Ehefrau bekannt.

Jochen lebt heute in Wisconsin und ist zufriedener mit seinem Leben als jemals zuvor – eine »langweilige« Familienfeier mit dem »leicht verrückten Forscheronkel« war dafür die Ursache.

Die Erforschung der Familiengeschichte führt manchmal zu äußerst interessanten Ergebnissen, die mitunter auch Auswirkungen auf die Lebenden haben können.

Geburtstage oder Jubiläen sind schöne Anlässe für Familienfeste, bei denen mehrere Generationen an einem Tisch zusammenkommen.

Genealogie als möglicher Beruf

Schließlich und endlich besteht in bestimmten Fällen natürlich auch die Möglichkeit, das Hobby »Genealogie« zum Beruf zu machen. Die Zahl der »Profis« unter den Genealogen ist allerdings nicht allzu groß und dies ist auch verständlich. Genauso wenig wie der leidenschaftliche Sammler von Oldtimern eine Werkstatt damit beauftragen wird, seine neueste Errungenschaft in einen fahrtüchtigen Zustand zu versetzen – schließlich ist das eigenhändige Schrauben und Hantieren mindestens der halbe Spaß –, genauso wenig ist der begeisterte Familienforscher bereit, einen anderen in die persönliche Recherche einzubeziehen und zum Mitwisser in Privatangelegenheiten zu machen.

Die Anfragen nach professioneller Hilfe sind also eher rar, zumal die potenziellen Kunden sich natürlich auch auf »dünnem Eis« bewegen. Es gibt schließlich keinen »Meisterbrief« für Genealogen, kein Diplom oder einen wie immer auch gearteten, staatlich anerkannten Befähigungsnachweis. Aus nachvollziehbaren Gründen haben somit studierte und abgeschlossene Historiker sicherlich die »besten Karten« einen Auftrag zu »ergattern«, doch auch Volkskundler, die mit der langwierigen Arbeit in Archiven ihre Erfahrungen gesammelt haben, können sehr nützlich sein.

Profis mit Erfolgsgarantie?

Sollte man sich im Zuge der Nachforschungen eines Tages auf einem »toten Gleis« bewegen – sollte der Stammbaum Lücken aufweisen, die sich beim besten Willen nicht mehr füllen lassen, dann könnte durchaus der Fall eintreten, dass man einen freiberuflichen Genealogen zu Rate zieht. Das ist jedoch kein »billiges« Unterfangen. Schnell summieren sich mögliche Reise- und Telefonkosten,

Einen staatlich anerkannten Nachweis über die Berufsbefähigung zum Genealogen gibt es nicht. Wer professionell Hilfe braucht, sollte mögliche Angebote genau prüfen.

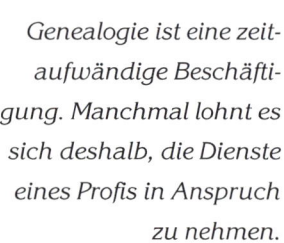

Professionelle Hilfe ist nicht immer von Erfolg gekrönt. Manche Recherche endet leider im Nichts. Daher sollte man im Vertrag mit einem Genealogen den möglichen Fall berücksichtigen, dass seine angefallenen Auslagen hinsichtlich der erfolglosen Recherche gegen Belege erstattet werden.

Archivgebühren, Porto und Büromaterial zu einem erklecklichen Sümmchen – die Kosten können bis in die Tausende gehen. Ob man mit dem Resultat dann zufrieden ist, steht auf einem anderen Blatt.

Sinnvoll ist es in jedem Fall, mit dem »Profi« einen so genannten »Pauschalvertrag« mit einer gewissen Erfolgsgarantie abzuschließen. Im Klartext: Der jeweilige Historiker oder Volkskundler erhält einen klar umrissenen Auftrag und für dessen Erledigung einen Pauschalbetrag, mit dem dann alle anfallenden Kosten sowie das Honorar abgedeckt sind. Grenzfälle sind damit natürlich noch nicht vollständig ausgeschlossen, denn nicht immer wird der Beauftragte bei seinen Forschungen mehr Erfolg haben, als Sie selbst bei Ihren vorhergehenden Bemühungen. In diesen Fällen ist es ratsam, eine Nebenklausel in den Vertrag einzubauen, nach der Ihr Auftragnehmer zumindest seine Recherchekosten von Ihnen erstattet bekommt, sofern er diese lückenlos belegen kann. Sollte der Auftrag, den Sie erteilen, mehrere Bereiche umfassen, so wäre es vielleicht ratsam, sich auf eine Bezahlung zu einigen, die jeden einzelnen dieser Bereiche auch einzeln abdeckt.

Genealogie ist eine zeitaufwändige Beschäftigung. Manchmal lohnt es sich deshalb, die Dienste eines Profis in Anspruch zu nehmen.

NEBENERWERB GENEALOGIE

▶ Sollten Sie selbst sich mit dem Gedanken tragen, die Genealogie zu einem Nebenerwerb zu machen, so müssen Sie dies unbedingt beim Finanzamt anmelden. Die Einnahmen, die Sie durch die freiberufliche Tätigkeit erzielen, müssen nämlich beim Lohnsteuerjahresausgleich oder bei der Einkommensteuererklärung unbedingt mit angegeben und versteuert werden.

▶ Kunden finden Sie in erster Linie über Mund-zu-Mund Propaganda, aber auch durch kleine Anzeigen in entsprechenden Fachzeitschriften. Ratsam wäre es dabei, sich zumindest zu Beginn Ihrer Tätigkeit auf eine bestimmte Region zu beschränken und sich in diese einzuarbeiten.

▶ Je nachdem, wie gründlich Sie sich in den Archiven umschauen und selbst archivieren, lassen sich dann nach Wochen, Monaten oder Jahren bei jedem Folgeauftrag Daten und Fakten finden, die schon im Zusammenhang mit anderen, früheren Forschungen angefallen sind. Das erleichtert die Arbeit natürlich enorm.

▶ Ein Beispiel: Wenn Sie viele Daten und Zahlen über die Ursprünge einer alteingesessenen Familie in der Oberpfalz gefunden haben, können Sie mit an Sicherheit grenzender Wahrscheinlichkeit davon ausgehen, dass es von dieser Familie Querverweise und Verästelungen zu anderen Sippen und Familien in der Nachbarschaft gab und gibt.

▶ Die Beschränkung auf eine bestimmte Region hat darüber hinaus den Vorteil, dass Sie sich in den jeweiligen Archiven und Registerämtern binnen weniger Aufträge schon recht gut auskennen und sich darüber hinaus auch der Kontakt mit anderen Historikern, Amtspersonen, Pfarrern usw. ergibt. Persönliche Beziehungen lassen sich auch in diesem Bereich durch nichts ersetzen.

Wenn Sie selbst sich für fit genug erachten, anderen Hilfe auf genealogischem Gebiet anzubieten, sind die nebenstehenden Punkte in fiskalischer, arbeitstechnischer und thematischer Hinsicht unbedingt zu beachten.

Die Geschichte der Genealogie

Die Genealogie ist zwar keine staatlich gelehrte oder gar geförderte Wissenschaft, doch verfügt sie nichtsdestotrotz über eine beeindruckende Geschichte. Das markanteste Beispiel für unsere christlich-abendländische Kultur ist der Stammbaum Jesu. Aus dem 1. Buch Moses (Kapitel 10 und Kapitel 11) sowie aus Teilen des Matthäus-Evangeliums lässt sich die Abstammung Jesu zwar mühsam, aber einigermaßen lückenlos dokumentieren, wobei vor allem der Apostel Matthäus naturgemäß ein profundes Interesse daran hatte, die Abstammung des Messias von »Urvater« Abraham bis hin zu Noah und König David zu belegen. An der absoluten Richtigkeit dieser »Ahnentafel« hegen aber nicht nur christlich orientierte Historiker gewisse Zweifel, doch mag sie uns an dieser Stelle als Beleg für die frühgeschichtlichen Bemühungen der Genealogen dienen.

Ahnentafeln bei den Römern

Ein weiteres markantes Beispiel für die Bedeutung der Familienforschung erlebte das antike Rom. Vor allem die »vornehmen« Familien der Hauptstadt des Imperiums versuchten sich anhand von kunstvoll gestalteten Stammbäumen ins »rechte Licht« zu rücken. Zunächst galt es dabei, möglichst eine »lückenlose Kette« zu »Romulus und Remus« zu bilden – den sagenumwobenen Gründern der »Stadt auf den sieben Hügeln«. Da aber schon die beiden angeblich von einer Wölfin gesäugten und aufgezogenen »Stadtväter« eher als Mythos, denn als reale geschichtliche

Aus einer Familie zu stammen, deren Wurzeln angeblich bis auf die Stadtgründer Roms, sprich Romulus und Remus, zurückreichen, bedeutete viel bei den alten Römern. Tür und Tor standen einem solchen Familienmitglied offen, denn seine Familie war hoch angesehen.

Bild links: Dieser prachtvolle Stammbaum stammt aus dem 16. Jahrhundert und ist heute im Historischen Museum Krems in Österreich zu besichtigen.

21

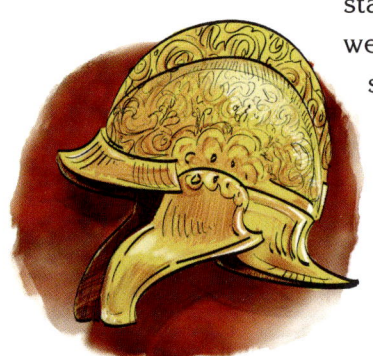

Figuren angesehen werden können, ist es nur allzu verständlich, dass die meisten dieser »Ahnentafeln« nichts weiter waren als kunstvolle Fälschungen. So erwähnt z. B. schon der Geschichtsschreiber Seneca mehrmals den professionellen Familienforscher und macht in einem Nebensatz auch aus seiner Geringschätzung dieses Berufsstandes keinen Hehl: »Sie glauben der Vergangenheit ein neues Gewand umhängen zu dürfen, um den Reichen zu Gefallen zu sein«.

Ruhmreiche Vergangenheit der Germanen

Frühe Blüten erlebte die Genealogie auch im germanischen Einzugsbereich, selbst wenn zu Beginn des Ersten Jahrtausends hierzulande wohl niemand auf die Idee gekommen wäre, dies als Wissenschaft zu bezeichnen. Die Väter und Vorfahren »lebten« hier vielmehr in den Liedern und Mythen fort, die den Söhnen erzählt wurden – dass kräftig hinzugedichtet und verfremdet wurde, dürfte jedermann einleuchten. Immerhin jedoch hielten sich damit Namen und auch konkrete geschichtliche Ereignisse über Jahrzehnte und Jahrhunderte im Bewusstsein der Menschen, die sich gerne und oft auf »ruhmreiche Vergangenheit« und »heldenhafte Traditionen« besannen.

Auch bei den Germanen – wo man wie bei den Römern gerne einem herausragenden Geschlecht angehören wollte – führte der Abstammungskult zu mancher »Verschönerung« der Realität.

Die Ahnenprobe im Mittelalter

Einen großen – wenngleich auch nicht unumstrittenen und aus heutiger Sicht sogar verkehrten – Schritt nach vorne verdankt die Genealogie im Mittelalter den Ständen und Zünften. Spätestens mit dem »Sachsenspiegel« – einer Art

Gesetzessammlung – wurde die jeweilige Abstammung zum juristisch-relevanten Bestandteil des täglichen Lebens. So wurde z. B. der »freie Mann« in erster Linie über seine Herkunft definiert. Aber auch die Besetzung bestimmter Ämter und Positionen wurde anhand der Vorfahren mittels der so genannten »Ahnenprobe« vorgenommen, ein Verfahren, das aus heutiger Sicht zweifelhaft erscheint, da es keine Rückschlüsse über tatsächliche Fähigkeiten oder Kenntnisse der jeweiligen Person erlaubt.

Ahnenprobe bei den Handwerkszünften

Ein Paradebeispiel für den Umgang mit dieser »Ahnenprobe« lieferten ausgerechnet die straff organisierten und vergleichsweise aufgeschlossenen Handwerkerzünfte: Wichtiger als die Fähigkeiten und die berufliche Erfahrung war für den einzelnen Bewerber seine Herkunft. Der Sohn eines Zimmermanns (und ehemaligen oder noch aktiven Zunftmitglieds) hatte es leichter, in die Zunft einzutreten, als ein »namenloser« Gesell.

Kein Wunder, dass damit auch erstmals Hochkonjunktur unter »Fälschern« herrschte, denn vor allem die so genannten »Wandergesellen« bedienten sich gerne und oft mehr oder weniger plump gefälschter Abstammungsnachweise, um sich in der Gegend ihrer Wahl niederzulassen und in die dortige Zunftvereinigung einzutreten. Begünstigt wurden sie dabei von der Tatsache, dass es fast unmöglich war, über größere räumliche Distanzen hinweg zu kommunizieren. Der Linzer Zunftmeister hatte einfach nicht die Möglichkeit, die Herkunft eines preußischen Handwerkers nachzuprüfen – und war das Dokument einigermaßen »gut gemacht« (dann war die Fälschung allerdings auch nicht billig), so hatte der jeweilige Geselle recht gute Chancen, in Amt und Würden zu kommen.

Auch im Mittelalter spielte die Herkunft eine große Rolle. Sie entschied darüber, ob ein Handwerker in eine Zunft aufgenommen wurde oder nicht. Gute Fälscher so genannter Ahnenproben standen damals naturgemäß hoch im Kurs.

Pikanterweise verdiente sich mit solchen »Fälschungen« auch so manches Kloster ein kleines Zubrot, denn abgesehen von Schreibern, Beamten und einigen Gebildeten waren die wenigsten Menschen in der Lage, ein solches Dokument zu verfassen (selbst wenn sie schreiben konnten, was jedoch eher die Ausnahme als die Regel war).

Ahnenforschung als Wissenschaft

Zum eigentlichen »Begründer« der Genealogie avancierte dann im 15. Jahrhundert der Gelehrte Ladislaus Stuntheim. Dieser fertigte auf ausdrückliche Weisung von Kaiser Maximilian eine Chronik der Fürstenhäuser Habsburg und Babenberg an – eine Arbeit, die einige Jahrzehnte seines 73-jährigen Lebens in Anspruch nahm und noch heute als Meisterwerk mittelalterlicher Forschungsarbeit gilt.

Allerdings wäre es Unsinn anzunehmen, dass der Habsburger Maximilian diese Chronik ganz uneigennützig oder gar zur Förderung der Wissenschaft in Auftrag gegeben hatte. Vielmehr war es zur Mitte des 15. Jahrhunderts im Deutschen Reich üblich geworden, die Bedeutung der eigenen Dynastie durch gezielte Familienforschung ins rechte Licht zu rücken. Die Anfertigung von Ahnentafeln und Familienchroniken war zur »Modeerscheinung« geworden, und erstmals durften auch »nicht-adelige« Gelehrte zu diesem Zweck in den haus- und hofeigenen Archiven und Bibliotheken stöbern.

Abgesehen von der Tatsache, dass sich die verschiedenen Dynastien nur allzu gerne mit einer großen Vergangenheit schmücken wollten, diente die Genealogie nun allerdings auch juristischen Zwecken. Spätestens mit der Einrichtung eines eigenen Lehrstuhls an der Heidelberger Universität war die Familienforschung zu einem wichtigen Bestandteil der staatlichen Gewalt geworden. Fragen des Erbrechtes

Um die Erbfolge und politische Ansprüche eindeutig belegen zu können, ließen die großen Königs- und Adelshäuser im 15. Jahrhundert Ahnentafeln und Familienchroniken anfertigen.

spielten dabei ebenso eine Rolle wie politische Untersuchungen. Nicht selten sahen sich vermeintliche Erbnachfolger nämlich mit Ansprüchen unwillkommener Rivalen konfrontiert, die es schnell und umfassend zu klären galt.

Die erste Blütezeit der Genealogie

Bei ihren Forschungen hatten es diese »Frühgenealogen« allerdings nicht immer leicht. Denn einerseits hatten sie die Aufgabe, den jeweiligen Stammbaum und damit auch die Erbfolge möglichst lückenlos zu dokumentieren, andererseits jedoch waren sie im Zweifelsfall auch die »Überbringer der schlechten Nachrichten«. Logisch, dass uneheliche Kinder (so genannte »Bastarde«) von der Familie gerne übersehen wurden, ebenso logisch, dass es gerade diese Sprösslinge waren, die ein gesteigertes Interesse an ihrer »Legitimierung« hatten. Nicht selten also zog sich der besonders gründliche Familienforscher den Zorn seines Auftraggebers zu, der den einen oder anderen »Halbbruder« gerne hätte »unter den Tisch fallen lassen«.

Abgesehen von diesen unerfreulichen Begebenheiten am Rande begann in diesen Dekaden eine erste, lange Blütezeit für die Genealogie. Ein sicheres Indiz für diese Blüte ist ein Buch des süddeutschen Heraldikers und Genealogen Johann Christoph Gatterer (1727–1799), in dem erstmals allgemein verständlich und umfassend die Familienforschung, ihre Schwierigkeiten und Fragestellungen anhand konkreter Beispiele behandelt wurde. Gatterers Buch mit dem Titel »Abriss der Genealogie« wurde zu einem vielbenutzten Standardwerk der Historiker, das noch bis in unsere Zeit hinein interessante Denkanstöße liefert, auch wenn das Buch in den ersten Jahren nach seinem Erscheinen noch weitgehend unbeachtet blieb.

Konsequente Arbeit an Ahnentafeln und Familienchroniken führte im Lauf der Zeit zu zahlreichen methodischen Einsichten bezüglich Arbeitsmethodik und gipfelte im 18. Jahrhundert im ersten Standardwerk der Genealogie.

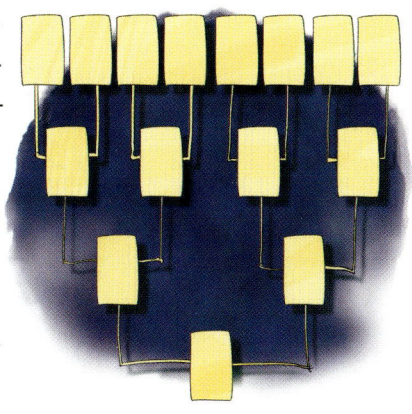

Die Genealogie und die französische Revolution

Einen tiefen Einschnitt in die junge Wissenschaft der Genealogie brachte die französische Revolution, die Napoleonischen Kriege und die so genannte Säkularisierung. Im Zeitalter von »Freiheit, Gleichheit und Brüderlichkeit« verlor die Familienforschung nicht nur schnell an Bedeutung – sie galt mittlerweile sogar als verpönt.

Da der Adel selbst in allergrößte Bedrängnis geraten war, fehlte es ihm naturgemäß an Zeit und Mitteln, sich ausführlich mit der eigenen dynastischen Vergangenheit zu beschäftigen, und Bürgerliche, die sich an derartigen Forschungen beteiligten, mussten damit rechnen, schnell in den Ruch der Dekadenz zu geraten.

Immerhin schuf Napoleon anschließend mit der Einführung der staatlichen Registrierung von personellen Daten auf eigens eingerichteten Standesämtern die Grundlage für eine solide Quellenforschung in den späteren Dekaden,

Mit dem Niedergang des Adels im Zuge der französischen Revolution verringerte sich in Europa auch das Ansehen der Genealogie.

Nicht nur ein großer Feldherr, sondern auch ein großer Administrator: Napoleon (1769 – 1821) ist maßgeblich für die Einführung von Standesämtern in Europa verantwortlich.

doch vor allem die Säkularisierung brachte weitere Rück-
schläge. Im Zuge des Ansehensverlustes der Kirchen nämlich wurden zahlreiche Klöster und Kirchen »geschleift«,
wobei die »Eroberer« nur höchst selten Rücksicht auf
Bücher oder Dokumente nahmen. Zahlreiche unersetzliche
und einmalige Archive wurden in diesen Jahren ein Raub
der Flammen – Tausende von Pergamentrollen und Ahnentafeln waren damit seitdem für immer verloren. Auch von
den Universitäten und den Schulen verschwand die Genealogie vollständig. Gerade zu einem Zeitpunkt, an dem die
Professoren und Lehrer endlich unbelastet die »bürgerliche
Familienforschung« hätten etablieren können – unbelastet
vom Druck der dynastischen Forschungen und herkunfts-
bessessener Adliger. Zu einem Zeitpunkt, an dem Genealogie endlich die Freiheit gehabt hätte, sich mit der Vergangenheit, der Herkunft und der Geschichte des »kleines
Mannes« zu beschäftigen – genau zu diesem Zeitpunkt verlor
sie beinahe alle Anhänger und Interessierte: eine perfide
Ironie der Geschichte.

Genealogie im 19. Jahrhundert

Von diesem Rückschlag erholte sich die Familienforschung lange nicht. Erst um 1870 herum lieferte die sehr
artverwandte Wissenschaft der Heraldik (Wappenkunde)
wieder erste Anstöße, da sich die Heraldiker schon aus for-
schungstechnischen Gründen häufig mit genealogischen
Fragen auseinander zu setzen hatten. Vor allem die Schrif-
ten der Heraldikergesellschaft »Herold« in Berlin beinhalte-
ten erstmals wieder Ahnenlisten, wenngleich sich diese
natürlich in erster Linie an historisch relevanten Wappen
und Symbolen orientierten und damit natürlich am Adel.
Immerhin – ein Anfang war gemacht, und es war im Jahre

**Bedingt durch
antiklerikales und
revolutionäres Ideengut
wurden viele Archive
im 18. Jahrhundert ein
Raub der Flammen.
Wichtige genealogische
Daten gingen damit
unwiderbringlich
verloren.**

**Die mendelsche Verer-
bungstheorie stand Pate,
als man im 19. Jahr-
hundert die Genealogie
wieder belebte. Eine ihrer
geistigen Strömungen
versuchte auf frag-
würdige Weise den
Werdegang eines
Menschen aus seiner
Familiengeschichte
heraus zu erklären; frei
nach dem Motto: Vater
Dieb, Mutter Tage-
löhnerin, also Sohn auch
ein kriminelles Element.**

1899 dem »Herold« zu verdanken, dass das »Genealogische Handbuch Bürgerlicher Geschlechter« auf den Markt
geworfen wurde. Nach Regionen geordnet erschien das
Werk in rund 200 verschiedenen Ausgaben bis zum heutigen Tag, und bis heute wird es von den Wissenschaftlern
und mit Hilfe privater Forscher regelmäßig ergänzt.

Fragwürdige Tendenzen

Schon zum Ende des 19. Jahrhunderts war jedoch ein
Trend abzulesen, der später im absurden »Rassenwahn«
der Nationalsozialisten gipfeln sollte. Damals bildeten sich
in den Reihen der Genealogen zwei unterschiedliche Strömungen aus, von denen die eine sich an rein humangenetischen Gesichtspunkten orientierte und damit fast zwangsläufig in ideologische Bahnen geriet, während die andere
sich weiterhin an historisch belegbare Fakten und sozial-
politisch relevante Fragen und Daten hielt. Für die erstge-
nannte Gruppe war es plötzlich wichtig geworden, den
Werdegang des einzelnen Individuums anhand einer Ahnentafel plausibel zu machen – anlehnend an die mendelsche Vererbungstheorie. So suchte man im Stammbaum
des musikalischen Genies verbissen nach den »Ursachen«
für die Kunst des Betreffenden: Die Berufe und Begabun-
gen der Vorfahren wurden plötzlich in den Mittelpunkt gestellt. Jeder kleinste Hinweis etwa auf eine musikalische
Begabung beim Ururgroßvater wurde als Beleg für die
Lehre von der Vererbung der menschlichen Natur gewer-
tet. Kein Wunder, dass dabei nicht nur positive Aspekte
eine Rolle spielten. Vor allem Juristen beschäftigten sich
mit den »neuen« Möglichkeiten der Genealogie. In verschiedenen Strafprozessen gegen Gewalttäter wurden
Stammbäume präsentiert, nach denen der Angeklagte
schon aufgrund seiner Herkunft zum Verbrechen neigte.

Ein Beispiel:

Hubert Müller (1718 – 1754)   Gesine Hermelin (1722 – 1763)
Dieb   Tagelöhnerin

Josef Müller (1739 – 1800)
Vagabund und gewaltbereiter Trunkenbold

Mit derartigen »Ministammbäumen«, die häufig nur auf scheinbar »offensichtliche« Auffälligkeiten beschränkt wurden, versuchten die Anhänger der neuen Richtung die mendelschen Gesetze zu beweisen und auf die Juristerei zu übertragen. Der Sohn einer Tagelöhnerin und eines Diebes musste demnach fast zwangsläufig ein Taugenichts werden – eine Auffassung, die zwar häufig durchaus ihre soziokulturelle Berechtigung hatte, die sich allerdings – wie wir heute wissen – nicht derart simplifizieren und schon gar nicht verallgemeinern lässt.

Im Gegensatz dazu blieben die Anhänger der anderen Strömung den Ursprüngen ihrer Wissenschaft treu. Ihnen ging es um eine historisch orientierte Familienkunde, die zum einen wesentlich umfassender und zum anderen frei von Wertungen war. Als herausragendes und heute noch aktuelles Standardwerk ist hierbei das »Handbuch der praktischen Genealogie« von Eduard Heydenreich zu nennen.

Zwischen den beiden Weltkriegen

Nach dem Ersten Weltkrieg folgte eine kurze, aber heftige Blütezeit für die Genealogie. Eine Vielzahl von genealogischen Vereinen, die bislang auf regionaler Ebene tätig waren, schlossen sich zu größeren Zirkeln zusammen, tauschten Forschungsergebnisse aus und die Mitglieder

Im Gegensatz zu der humangenetischen Ausrichtung in der Genealogie forderten die Vertreter der mehr wissenschaftlich orientierten Richtung eine wertfreie Betrachtungsweise.

halfen sich gegenseitig bei ihrer Arbeit. Es wurden Zeitschriften und lose Mitteilungsblätter gedruckt und verteilt, und schließlich entstand eine deutschlandweite Organisation mit dem Titel: »Arbeitsgemeinschaft der deutschen familien- und wappenkundlichen Vereine«. Der Streit zwischen den beiden unterschiedlich motivierten Strömungen innerhalb der Genealogen wurde damit allerdings nicht beigelegt – im Gegenteil: Auf den Universitäten, in denen sich zwischenzeitlich neue Arbeitsgruppen gebildet hatten und wieder Seminare angeboten wurden, verschärfte sich der Konflikt sogar. Bei der »humangenetischen« Richtung bildete sich allmählich ein »Ungeist« heraus, der sich mit der Machtergreifung der Nazis endgültig etablieren sollte.

Mit der Machtübernahme durch die Nationalsozialisten gewann die humangenetische Richtung in der Genealogie die Oberhand, weil sie in das ideologische Konzept von der Vormachtstellung der arischen Rasse passte.

Sippenbuch und arische Abstammung

Und damit kommen wir nun zum dunkelsten Kapitel der Familienforschung – ein Kapitel, das die Genealogie nicht nur über Jahre hinweg in ihrer Entwicklung entscheidend behinderte, sondern in der Folgezeit dafür sorgte, dass sie dauerhaften Schaden an Ruf und Ansehen nahm. Wie so viele andere gute Ideen auch, missbrauchten die »braunen Machthaber« nämlich auch die Familienforschung, gestalteten sie für ihre Zwecke um und verabschiedeten sich gründlich von den eigentlichen Absichten.

Es wurde eine so genannte »Reichsstelle für Sippenforschung« gegründet – ein Institut, das in erster Linie die Aufgabe hatte, die Bevölkerung zu einem möglichst umfassenden Nachweis der jeweiligen eigenen »arischen Abstammung« zu motivieren. Bücher zur Vererbungs- und Rassenlehre wurden zahlreich verfasst und massenweise unters Volk geworfen – die »Reinheit des Blutes« stand plötzlich im Mittelpunkt der Familienforschung.

Pflichtdokumente in der Zeit des Nationalsozialismus: Ahnentafel und Stammbuch.

Gleichzeitig scheuten die neuen Machthaber nicht davor zurück, den »arischen Menschen« als Sinnbild für Treue, Tatkraft und Tapferkeit darzustellen – alle anderen »Rassen« (insbesondere die Juden) seien dagegen minderwertig. Die Familienforschung wurde – wie so vieles andere – von den Nazis zu ideologischen Zwecken missbraucht.

Pseudowissenschaft und Ideologie

In den Mitteilungsblättern der Genealogen tauchten nun abstruse, pseudowissenschaftliche »Schädelmessungen« und anatomische Modelle auf, die die Überlegenheit des »Ariers« gegenüber dem Untermenschen demonstrieren sollte. Gern und oft griffen die fanatischen Ideologen auch auf die schon zuvor bestehenden »Irrungen« der humangenetischenströmung unter den Genealogen zurück: Die verzerrten und verkürzten Stammbäume, die mittels der mendelschen Vererbungslehre die automatische Minderwertigkeit bestimmter Personen belegen sollten, wurden noch verfeinert und fanden sich auffällig unauffällig oft in den verschiedenen Publikationen. Stets ging es dabei um

Die angeblich wissenschaftlich fundierte Beweisführung der Minderwertigkeit anderer Menschen hatte wirklich verheerende Auswirkungen, wie die Geschichte belegt.

Juden, Roma und Sinti oder andere unliebsame »Subjekte«, denen per definitionem die »Minderwertigkeit aufgrund der Abstammung« vorgehalten werden sollte.

Zur Schande der damaligen Genealogen muss gesagt werden, dass sie die Vereinnahmung ihrer Wissenschaft nur höchst halbherzig bekämpften. Zu verlockend waren die Möglichkeiten, die die Nationalsozialisten boten. Plötzlich war der Familienforscher kein Außenseiter mehr, der ein »seltsames Hobby« betrieb – nein, er war sogar ein respektierter »Gelehrter«, der »seine Pflicht gegenüber Familie und Vaterland« erfüllte. So mussten beispielsweise Parteimitglieder und Beamte einen möglichst mehrere Generationen umfassenden, lückenlosen Nachweis ihrer arischen Abstammung erbringen.

In den Schulen, den Universitäten und den Sportvereinen gehörte »Rassenlehre« (und damit natürlich indirekt auch Genealogie) plötzlich zum ganz normalen Unterrichtsalltag. Beinahe jede deutsche Familie bekam ein so genanntes »Sippenbuch« ausgehändigt, in dem der eigene Stammbaum möglichst detailliert aufzuführen war. Zuweilen erhielten erfolgreiche Familienforscher sogar Zugang zu Archiven und Sammlungen, die sie im Normalfall nie gesehen hätten – Linien- und Parteitreue in diesem Fall natürlich vorausgesetzt.

Die Beschäftigung mit der eigenen, familiären Vergangenheit wurde somit zu einem kollektiven Zwang. Wer seine Abstammung auf Anfrage nicht gründlich belegen, oder nicht beweisen konnte, dass er es wenigstens versucht hatte, galt bereits als verdächtig. Der gelbe Judenstern leuchtete als Schreckgespenst in den Wohnzimmern, und allein die Möglichkeit, mit diesen neuen »Außenseitern« gleichgestellt zu werden, erhöhte bereits den Druck auf die Menschen. So makaber es auch klingen mag: Die Rettung für die Reste der »ehrenwerten« Genealogen brachte der

Jede Familie sah sich im Dritten Reich mit der unausweichlichen Anforderung konfrontiert, die eigene arische Abstammung nach Möglichkeit lückenlos in dem so genannten »Sippenbuch« belegen zu müssen. Genealogie wurde also im Kleinen in nahezu jedem Haushalt betrieben – und das mit entsprechenden Ängsten, womöglich nicht »dazu zu gehören«.

Krieg. Ansonsten nämlich hätten die braunen Schergen die »Reichsstelle für Sippenforschung« in das geplante »Reichssippenamt« umgewandelt – ein Amt, das mit noch wesentlich mehr Kompetenzen und Personal ausgerüstet worden wäre. Durch den Beginn der Kampfhandlungen jedoch wurde dieser Plan immer wieder verschoben – die umfassende und an den orwellschen »Big brother« mahnende totale Überwachung der Familienforschung kam somit nicht zustande. Schaden jedoch war schon mehr als genug angerichtet worden. Die Zahl derer, die durch »verhängnisvolle Vorfahren« als Juden »entlarvt« wurden und in die grauenhafte Vernichtungsmaschinerie der uniformierten Schlächter gerieten, dürfte sehr hoch gewesen sein.

Nach dem Zweiten Weltkrieg

Angesichts dieser Fakten dürfte es kaum verwundern, dass die Familienforschung nach dem Ende des Zweiten Weltkriegs gründlich in Verruf geraten war. Nur schwer konnten sich ihre Anhänger gegen den Vorwurf des verbrecherischen Treibens wehren – zu überdrüssig war die Mehrzahl der Deutschen nunmehr der Beschäftigung mit der eigenen Historie.

Erst ganz allmählich fanden sich die verstörten und mittlerweile verachteten Genealogen wieder zu kleinen Grüppchen zusammen, wobei sie allerdings explizit darauf achteten, die rassistisch missbrauchte, naturwissenschaftliche Ausrichtung der Forschung gründlich zu eliminieren. Vielerorts kehrte man zu den »Wurzeln« zurück, besann sich auf die unmittelbare Umgebung und begann die Familienforschung somit im regionalen Umfeld. Prompt gründeten sich wieder einige kleinere Vereine, die sich erstmals im »Bund Deutscher Familienverbände e. V.« einen größeren

Als man sein Sippenbuch endlich auf dem Müll entsorgen konnte, war das Ansehen der Genealogie gegen Null geschrumpft. Von Familienforschung wollte vorerst niemand mehr etwas wissen.

Entwurzelte Menschen
wie die vielen Vertriebe-
nen, die in der Bundes-
republik Deutschland ihr
neues Zuhause fanden,
pflegten ihre alten
Traditionen und hatten
keine Berührungsängste
mit ihrer Vorgeschichte.
Bei diesen Gruppen fand
die Genealogie wieder
ersten Nährboden nach
dem Zweiten Weltkrieg.

Rahmen gaben. Zuvor hatte sich bereits das »Institut zur Erforschung historischer Führungsschichten e.V.« gegründet, das allerdings auf viel Misstrauen bei den mehrheitlich demokratischen Menschen stieß. Allein der Titel der Vereinigung erweckte schon den Anschein, als forsche die Gruppe im Sinne der »Führertradition« . Die Ablehnung war somit beinahe folgerichtig und der Zulauf kam von der falschen Seite.

Vertriebenenverbände als Motor der Genealogie

Eine Belebung für die Genealogen bedeuteten dafür die neu gegründeten Verbände der Vertriebenen. Diese entwurzelten Menschen hatten naturgemäß ein großes Interesse daran, den Kontakt zu den eigenen Wurzeln nicht abreißen zu lassen und beschäftigten sich gern mit der Historie der eigenen Familie. Schon allein aufgrund der großen Zahl der Sudetendeutschen, der Banater Schwaben und anderer Gruppen erhielt die Genealogie endlich wieder einen soliden Unterbau und eine ausbaufähige Infrastruktur. Heute kann der Genealoge wieder auf ein gut funktionierendes Umfeld und zahlreiche »Kollegen« bauen. Zwar gibt es an deutschen Hochschulen keine Lehrstühle, die sich ausschließlich auf genealogische Forschungen spezialisiert haben, aber im Rahmen der so genannten »historischen Hilfswissenschaften« wird immerhin ein solider Grundstock für den Nachwuchs gelegt. Und im Übrigen existieren bundesweit zahlreiche private Institutionen, Vereine und auch öffentlich-rechtliche Körperschaften, die sich intensiv mit der Familienforschung auseinander setzen und an die man sich jederzeit wenden kann.
Darauf kommen wir im nächsten Kapitel noch ausführlich zu sprechen, aber an dieser Stelle möchte ich bereits einige Organisationen und ihre Strukturen vorstellen.

Insgesamt existieren derzeit rund 45 örtliche und regionale Vereine und Gruppen, wobei an exponierter Stelle der »Bayerische Landesverein für Familienkunde e. V.«, die »Arbeitsgemeinschaft ostdeutscher Familienforscher e. V.«, der »Verein für Familien- und Wappenkunde in Württemberg und Baden e. V.« sowie die »Westdeutsche Gesellschaft für Familienforschung e. V.« zu nennen sind. Ganz besonders die letztgenannte Institution, deren Arbeitsbereich derzeit vom Ruhrgebiet bis nach Rheinland-Pfalz und ins Saarland reicht und ein gutes Dutzend Bezirksgruppen unterhält, hat für den Familienforscher viele nützliche Tipps parat und ermöglicht unkompliziert den direkten Kontakt zwischen den einzelnen Genealogen.

Darüber hinaus geben alle diese Organisationen Mitteilungsblätter – zum Teil sogar sehr aufwändig und liebevoll gestaltete Broschüren – heraus, in denen Vortragsveranstaltungen, Literaturhinweise und Forschungsergebnisse veröffentlicht werden.

Heute widmen sich wieder zahlreiche Organisationen, Vereine und auch Körperschaften des öffentlichen Rechts der Familienforschung.

Auch nach dem Zweiten Weltkrieg verloren viele Menschen ihre Heimat. Nicht selten stoßen Familienforscher auf Spuren ihrer Ahnen im heutigen Polen oder Tschechien.

Genealogie in der Praxis

Bevor Sie sich nun tatsächlich ernsthaft in die Familienfor-schung stürzen, sollten Sie sich zunächst über ein paar wichtige Dinge im Klaren sein. Erstens: Die Genealogie erfordert Geduld. Zweitens: Die Genealogie erfordert viel Geduld. Und drittens: Für die Genealogie brauchen Sie un-gemein viel Geduld. Was ich damit sagen möchte? Nun, vielleicht haben Sie den richtigen Riecher und vielleicht sind Sie ein talentierter Forscher. Möglicherweise wird Sie das »Kramen« in der familiären Vergangenheit auch regel-recht begeistern, aber halten Sie sich bitte stets vor Augen, dass es Phasen geben wird, in denen Sie nicht so schnell vorankommen, wie Sie es sich vielleicht erhofft haben. Durchhaltevermögen ist also sehr gefragt.

Durchdachte Systematik bei den Aufzeichnungen und geduldige und gezielte Recherche sind unumgängliche Voraussetzungen für eine erfolgreiche Familienforschung.

Der methodische Grundstock

Doch wie könnten Sie Ihre Nachforschungen beginnen? Wie kommen Sie zu einem wunderschön anzusehenden Stammbaum? Welche Aufwendungen erwarten Sie, wenn Sie eine Ahnentafel erstellen wollen?
Nun, beginnen Sie logisch und mit System. Notieren Sie zunächst die Vor- und Familiennamen Ihrer Eltern, an-schließend die Vor- und Familiennamen der Großeltern. Es folgen die Geburtsnamen der Mutter und der Großmutter. Vergessen Sie bitte nicht, auch gleich die jeweiligen Ge-burts- und eventuellen Todesdaten unter den jeweiligen Namen zu notieren. Damit haben Sie bereits den Grund-stock gelegt. Sehr hilfreich kann es im weiteren Verlauf sein, auch die Heiratsdaten Ihrer Eltern und Großeltern zu notieren sowie die verschiedenen Berufe.

Bild links: Ein Stammbaum sollte das Ergebnis Ihrer Nachforschungen sein. Ob sie ihn so gestalten wollen, wie diesen Stammbaum oder eher sachlich und nüchtern, bleibt ganz Ihnen überlassen.

Geburtsurkunden und Familienstammbuch

Sollten Sie bei diesen Daten schon leichte Schwierigkeiten haben, so empfehle ich Ihnen als erste Lektüre die eigene Geburtsurkunde oder auch das so genannte Familienstammbuch. Ein solches wird Ihnen bei der Eheschließung automatisch ausgehändigt – zumeist trägt es das jeweilige Stadtwappen auf der Vorderseite.

Persönliche Papiere und Gespräche

Wenn Sie bis dahin gekommen sind – bei einer einigermaßen gründlichen Vorbereitung dürfte dies kaum mehr als eine Stunde in Anspruch nehmen –, sollten Sie allmählich daran gehen, Ihre Ausgangsbasis zu verbreitern. Dazu können Sie jetzt in den persönlichen Papieren kramen, die Ihnen hoffentlich zur Verfügung stehen. Sichten Sie die Unterlagen, Notizen und Aufzeichnungen Ihrer Eltern, versuchen Sie wissenswerte oder interessante Details aus dem Leben Ihrer Großeltern zu erfassen. Wenn Sie sehr viel Glück haben, entdecken Sie möglicherweise Tagebücher oder alte Briefe – alles kann wichtig sein.

In dieser frühen Phase sollten Sie sich außerdem die Mühe machen, Informationen im persönlichen Gespräch zu sammeln. Vor allem ältere Menschen erinnern sich meist sehr gut an die Vergangenheit und sprechen darüber auch sehr gern. Wenn Sie die Möglichkeit haben, dann plaudern Sie doch eine Weile mit Ihren Großeltern über deren Jugend, sammeln die Namen eventueller Geschwister, informieren sich über deren Werdegang und Verbleib. Wichtig ist es in dieser Frühphase vor allem, sich die Namen und verfügbaren Daten zu notieren – diese Grundlage wird im weiteren Verlauf Ihrer Arbeit einen unschätzbaren Wert bekommen. Sollten Sie das Glück haben – Glück aus der Sicht des

Beginnen Sie Ihre Nachforschungen zur Familiengeschichte zuerst in Ihrer Verwandtschaft. Schon hier werden Sie sicher auf viele neue Informationen stoßen.

Familienforschers –, dass Ihre Familie schon seit mehreren Generationen im selben Ort ansässig ist, so bieten sich natürlich auch Gespräche mit Freunden, Nachbarn und anderen Verwandten an. Natürlich müssen Sie dabei in Rechnung stellen, dass nicht jede Anekdote aus der Vergangenheit der Wahrheit entspricht, dass keinesfalls alle Legenden, die sich um Ihre Vorfahren ranken mit der Wirklichkeit konform gehen. Aber zumeist enthalten solche Geschichten und Geschichtchen zumindest einen wahren Kern und auf diesen gilt es, das Gehörte zu reduzieren.

Im Klartext: Wenn Sie beispielsweise erfahren, dass ihr Urgroßonkel Herbert bei seiner Hochzeit mit der Trudl Gerbrechtinger soooo betrunken war, dass er den ganzen Gasthof »Hasen« beinahe verwüstet hätte, dann können Sie den Großteil der Legende getrost vergessen. Wichtig ist lediglich, dass es offenbar einen Großonkel Herbert gab, dass die angeheiratete Großtante wohl Gertrud hieß und dass diese aus der Gerbrechtinger-Familie stammte. Damit haben Sie schon wieder einige Daten und Fakten zusammen, die sich möglicherweise bei einem Besuch im Archiv des Pfarramtes verifizieren und vertiefen lassen.

Formblatt für Notizen zur Familiengeschichte

Gehen wir an dieser Stelle einmal davon aus, dass Sie Ihre Nachforschungen in den ersten Tagen und Wochen auf zwei, höchstens aber auf drei Generationen beschränken. Doch selbst dieser kleine, scheinbar so einfach überschaubare Bereich beschert Ihnen schon eine wahre Datenflut. Da wären zunächst einmal ihre Eltern und Großeltern. Hinzu kommen deren Geschwister und die Herkunftsfamilien der Frauen. Schwupps – schon haben Sie einen Kreis, der zwischen 15 und 30 Personen umfassen kann. Wie gehen Sie nun mit diesen Fakten und Notizen um?

Hören Sie bei Ihren Unterhaltungen mit der Verwandtschaft genau zu und machen Sie sich nebenbei Notizen. Trennen Sie dabei stets wichtige Informationen, die Sie für Ihre Nachforschungen benötigen, von Nebensächlichkeiten.

Nun, im Zeitalter des Computers ist es sicherlich sinnvoll, die Erkenntnisse abzuspeichern. Zu diesem Zweck möchte ich Ihnen im Folgenden ein Formblatt präsentieren, das Sie in ähnlicher Form sicherlich auch selbst leicht entwerfen können.

Fügen Sie die erhaltenen Namen, Daten und wichtigen Informationen in ein dafür erarbeitetes Raster, das Ihnen später einen schnellen Zugriff und einen raschen Überblick ermöglicht.

DATEINUMMER: (z. B. II 4 – siehe Seite 42)
NACHNAME(N):
GEBURTSNAME(N):
VORNAME(N):
GEBURTSDATUM:
GEBURTSORT:
TAUFDATUM:
TAUFORT:
NAME DES VATERS:
GEBURTSORT DES VATERS:
NAME DER MUTTER:
GEBURTSORT DER MUTTER:
GESCHWISTER (Namen):
   1. geb. am. / gest. am
   2. geb. am. / gest. am
   3. geb. am. / gest. am
HEIRAT (Name des Ehegatten):
GEHEIRATET am:
GEHEIRATET in:
(sofern notwendig) ZWEITE EHESCHLIESSUNG:
KINDER(Namen):
   1. geb. am / gest. am:
   2. geb. am / gest. am:
   3. geb. am / gest. am:
VERSTORBEN am:
VERSTORBEN in:
ANMERKUNGEN:

So oder so ähnlich könnte also Ihr jeweiliges Formblatt aussehen – unabhängig davon, ob Sie nun einen Computer benutzen oder vielleicht Karteikarten. Die Letztgenannten haben den Vorteil, dass sie sich nach diversen Systemen ordnen lassen: Alphabetisch, nach Jahreszahlen oder den jeweiligen Familienzweigen. Denken Sie vor dem Einordnen stets über ein logisches System nach, das Ihren Ansprüchen genügt und das auch bei einem weiteren Anwachsen Ihres privaten Archivs noch übersichtlich bleibt.

Nummerierung der Generationen

Noch eine Anmerkung zur systematischen Kartenablage. Im links stehenden Formblatt habe ich Ihnen ein Beispiel für eine mögliche Nummerierung gegeben, das ich Ihnen jetzt erklären möchte. Es handelt sich dabei um ein bewährtes System, das bereits im 17. Jahrhundert von einem spanischen Familienforscher eingeführt wurde. Dieser nahm für seine eigene »Karte« die Nummer 1, die Eltern bekamen die Ziffern 2 und 3, die Großeltern die Ziffern 4, 5, 6 und 7, und für die Urgroßeltern waren die folgenden acht Nummern vorgesehen. Dabei werden die geraden Zahlen stets für die männlichen Vorfahren und die ungeraden für die weiblichen vergeben (oder umgekehrt – je nach Gusto). Dieses System ist in seiner Schlichtheit bestechend, birgt aber den Nachteil, dass Sie leicht den Überblick verlieren, wenn Sie sich bis zur vierten oder fünften Generation in die Vergangenheit vorgetastet haben.
Eine Möglichkeit, um die Verwirrung zu vermeiden, ist die Verwendung farblich unterschiedlicher Karteikarten. Eine solche Methode ist bei modernen Computern natürlich ebenfalls möglich. Sie haben sowohl bei Macs als auch bei PCs die Möglichkeit, den Text oder einen Ausschnitt farblich zu markieren, sodass Sie sich beim »schnellen

Um den Überblick über die verschiedenen Generationen Ihrer Vorfahren nicht zu verlieren, bietet sich eine aufsteigende Nummerierung an. Dabei erhalten die männlichen Familienmitglieder in direkter Linie die geraden Zahlen. Sie können aber auch umgekehrt verfahren. Nur sollte die gewählte Systematik stringent beibehalten werden.

Blättern« durch die Dateien mühelos orientieren können und nicht jedes Blatt einzeln lesen müssen. Eine weiterführende Möglichkeit, die im Formblattentwurf bereits angedeutet wurde, liegt natürlich darin, die Generationen mit römischen Ziffern vorweg zu markieren. Wenn wir davon ausgehen, dass Ihre eigene Karte keiner Nummerierung bedarf, würde diejenige Ihres Großvaters väterlicherseits demnach beispielsweise so beziffert: II 4. Die römische »II« stünde für die zweite Generation vor der Ihren, die »4« würde explizit den betreffenden Großvater markieren.

Vor allem wenn Sie schon recht weit fortgeschritten sind, werden Sie ohne ein solches oder ähnliches System nicht mehr zurechtkommen können. Wenn Sie sich an die vorgeschlagene Systematik halten, werden Sie feststellen, dass jede neu fertig gestellte Ahnenreihe exakt doppelt so viele Personen umfasst wie die vorangegangene. Ausnahmen gibt es allerdings zuweilen auch, und zwar dann, wenn es in der jeweiligen Linie zu einer Ehe unter Verwandten gekommen ist. Das mag uns heute absurd und sogar anstößig erscheinen, war aber vor sechs oder sieben Generationen durchaus noch vorstellbar.

Ebenso wie die einzelnen Familienmitglieder erhalten auch die verschiedenen Generationen zur besseren Übersicht eine Nummer, wobei sich mit jeder neuen Generation natürlich die Zahl der Personen in der neuen Ahnenreihe verdoppelt.

Nach welchem Prinzip Sie Ihre Karteikarten gestalten, liegt ganz bei Ihnen. Achten Sie nur darauf, dass Sie die einmal gewählte Systematik stringend durchhalten.

Gehen wir an dieser Stelle davon aus, dass Sie die erwähn-
ten Schritte vollzogen haben und zumindest bis in die Generation ihrer Großeltern keine nennenswerten Schwierigkeiten zu überwinden hatten. Sie haben damit zwar schon
sehr ordentliche Arbeit geleistet und viele neue Einblicke
gewonnen, doch Ihre eigentliche Arbeit beginnt damit erst.

Nach dem Start: die gezielte Suche

Mit dieser Basis können Sie sich endlich an die eigentliche
Arbeit machen: Die wirkliche Erforschung Ihrer Familien-
geschichte – einer Geschichte, die in Ihrer Generation wohl
kaum noch jemand kennt. Die erste und vordringlichste
Frage, die sich Ihnen dabei stellt, lautet zweifelsohne:
Woher bekomme ich meine Informationen? Die Verwandt-
schaft, die Umgebung, die Freunde der Familie und die
Nachbarschaft haben Sie »abgegrast« – wohin also jetzt?

**Je weiter Sie in die
Vergangenheit Ihrer
Familie vorstoßen, umso
weniger stehen Ihnen
mündliche Quellen zur
Verfügung. Jetzt müssen
weitere Informations-
möglichkeiten zu Rate
gezogen werden.**

Kirchenbücher – historische Fundgruben

Wenn Sie schnell relativ weit in Ihren Forschungen gekommen sind, werden Sie irgendwann an eine »natürliche Grenze« stoßen. Und diese lässt sich zeitlich ziemlich genau benennen: Vor rund 150 bis 200 Jahren war es nämlich eher unüblich, die familiäre Geschichte schriftlich zu dokumentieren – mal abgesehen davon, dass viele Menschen gar nicht lesen oder schreiben konnten. So waren bis zu Beginn des 19. Jahrhunderts die Kirchenregister, die auch als »Kirchenbücher« bezeichnet werden, die einzigen verlässlichen Informationsquellen über familiäre Daten, bevor ein Großteil der Aufgaben von den »Standesämtern« übernommen wurde, eine Folgeerscheinung der napoleonischen Reformen.

Die ältesten erhaltenen Kirchenbücher Europas stammen aus dem 12. Jahrhundert und sind in Frankreich beheimatet. Das älteste im deutschsprachigen Raum erhaltene Kirchenbuch ist auf das Jahr 1490 datiert – also immerhin aus einer Zeit, in der noch kein Deutscher je von einem gewissen Kolumbus gehört hatte. Dieses Kirchenbuch stammt aus Basel. Die erste Schwierigkeit bei der Suche nach alten Kirchenbüchern ist die Vielzahl ihrer Bezeichnungen und Namen. Damit Sie sich beim Umgang mit Kirchenbüchern besser zurechtfinden, erhalten Sie auf der rechten Seite eine kleine Übersicht.

Eine gute Quelle für Ihre Nachforschungen sind Kirchenbücher oder Kirchenregister, in denen in früheren Zeiten alle kirchlich relevanten Daten wie Taufen, Hochzeiten und Beerdigungen festgehalten wurden.

Ein Taufeintrag in einem Kirchenbuch kann z. B. so aussehen. Hier handelt es sich um den Taufeintrag einer berühmten Person: des deutschen Philosophen Friedrich Nietzsche (1844 – 1900).

BEZEICHNUNGEN FÜR KIRCHENBÜCHER

Matriken/Matrikeln	vor allem im katholisch geprägten Süddeutschland
Rodeln/Rotuli	vor allem in der Schweiz und im angrenzenden Tirol
Register	ab Mitte des 16. Jahrhunderts weit verbreitete Bezeichnung im gesamten deutschsprachigen Raum
Catalogus	meist kircheninternn verwendete Bezeichnung
Index	ab Ende des 17. Jahrhunderts weit verbreitete Bezeichnung

Unter einem Kirchenbuch versteht man im Allgemeinen alle kirchlichen Urkundensammlungen, in denen die Eheschließungen, die Taufen und die Todesfälle im Rahmen eines Gemeindelebens aufgezeichnet wurden.

Da die meisten Kirchengemeinden recht »langlebig« sind, könnte man meinen, es sei ein Leichtes, im Archiv zu stöbern und die alten Aufzeichnungen hervorzukramen. Weit gefehlt. In einer detaillierten Untersuchung stellte ein österreichischer Genealoge fest, dass im gesamten deutschsprachigen Raum bestenfalls noch rund 40 Prozent jener kirchlichen Aufzeichnungen vorhanden sind, die aus der Zeit vor 1800 liegen.

Die Gründe dafür sind ebenso vielfältig wie logisch: Kriege – vor allem die »religiös motivierten« – sorgten dafür, dass so manche Kirche und damit auch so manches Archiv ein Raub der Flammen wurde. Zu Bränden kam es jedoch natürlich auch in Friedenszeiten. Auch Überschwemmungen, Plünderungen und die schon mehrfach zitierte Säkularisation taten ein Übriges, um unersetzliche Dokumente zu vernichten. Darüber hinaus hatten viele Geistliche in der

Leider reichen die Kirchenbücher als Informationsquelle nicht aus, da ihr Bestand nicht ohne Lücken ist. Die Säkularisation, Brände oder unsachgemäße Lagerung und dergleichen mehr haben ihnen schwere Schäden zugefügt.

Vergangenheit überhaupt kein Interesse daran, alte Aufzeichnungen über einen längeren Zeitraum hinweg aufzubewahren – tatsächlich schien es manchen durchaus angebracht, im Zuge von baulichen Maßnahmen oder anfallenden Platzproblemen zunächst mal das eigene Archiv zu »entrümpeln«. Die unsachgemäße Lagerung in feuchten Kellern oder Speichern tat ein Übriges. So war dem alten Pergamentpapier leider allzu oft nur eine vergleichsweise kurze Lebensdauer beschieden.

Tauf- und Eheschließungsregister

Auf der Suche nach alten Kirchenregistern können Sie auf jeden Fall von folgenden Tatsachen ausgehen: Im Jahre 1563 hatte das Konzil von Trient offiziell festgelegt, dass in katholischen Gemeinden ein Tauf- und Eheschließungsregister angelegt werden müsse und wie dieses auszusehen habe. Die meisten Pfarrämter hatten diese Praxis jedoch schon etliche Jahrzehnte vorher begonnen und auch die Sterbefälle und anschließenden Beerdigungen in ihren Aufzeichnungen vermerkt. Dieser Punkt wurde im Jahre 1606 ebenfalls vom Vatikan zur »Pflichtübung« jedes katholischen Gemeindepfarrers oder Priesters gemacht.

Die meisten protestantischen Pfarrer übernahmen diese Regelung von den katholischen »Kollegen« – über einen entsprechenden offiziellen Beschluss der lutherischen, protestantischen, anglikanischen oder hussitischen Kirchenführungen ist allerdings nichts bekannt. Doch vor allem in den lutherisch oder calvinistisch geprägten Landstrichen wurde die Praxis des Kirchenbuchs sogar noch verfeinert. Grund war die teilweise sehr strenge Überwachung der Gemeindemitglieder in Bezug auf Religiosität und Lebenswandel. Es wurden Ältestengremien und so genannte »Sittengerichte« eingeführt, die das religiöse und

Schon im 16. Jahrhundert begann man in der katholischen Kirche mit der systematischen Aufzeichnung wichtiger religiöser Daten der Gemeindemitglieder. Dieses Verfahren übernahmen auch andere Religionsgemeinschaften.

nur schwer davon trennbare weltliche Leben der Gemeindemitglieder zu prüfen und zu beurteilen hatten. Regelrechte Prozesse gegen vermeintliche oder tatsächliche »Abweichler« wurden abgehalten und deren Anklagen, Zeugenaussagen und Urteile wurden selbstverständlich schriftlich fixiert. Derartige Prozessberichte bilden heute natürlich eine wahre Fundgrube für den Familienforscher, auch wenn sie möglicherweise für den einen oder anderen Vorfahren höchst unerfreuliche Resultate zeitigten.

Auch so genannte Kirchenprozesse sind eine wichtige Fundgrube für familiäre Daten.

Die Pfarrei

Auf der Suche nach alten Kirchenbüchern brauchen Sie eine Portion Glück und Geschick. Zunächst sollten Sie natürlich wissen, wo Sie eigentlich suchen müssen. Gehen Sie getrost davon aus, dass unsere Vorfahren längst nicht

BRIEFREGELN FÜR DIE PFARREI

▶ Erwähnen Sie das von Ihnen bereits recherchierte Datum ausdrücklich.
▶ Geben Sie den oder die Namen an, die Sie zu diesem Zeitpunkt schon kennen.
▶ Bitten Sie in Ihrem Schreiben den jeweiligen Geistlichen darum, Ihnen entsprechende Unterlagen in kopierter Form zukommen zu lassen.
▶ Seien Sie sehr höflich und beschreiben Sie Art und Grund Ihrer Forschungen.
▶ Legen Sie auf jeden Fall einen ausreichend frankierten Rückumschlag bei.
▶ Zudem sollten Sie nicht versäumen, dem Betreffenden anzubieten, eventuell weiterführende Auslagen natürlich zu ersetzen.
▶ Ganz wichtig: Machen Sie ihm die Nachforschungen so einfach wie möglich.

Bei einem Brief an eine Pfarrei mit der Bitte um Hilfe hinsichtlich Ihrer Familienforschung sollten die nebenstehenden Punkte Beachtung finden.

so mobil waren, wie wir es heute sind. Sind Sie also im Zuge Ihrer Nachforschungen auf eine bestimmte Eheschließung in einem bestimmten Ort gestoßen, so können Sie mit vergleichsweise großer Wahrscheinlichkeit davon ausgehen, dass einer der beiden Ehepartner im betreffenden Ort entweder geboren oder zumindest aufgewachsen ist. Selbiges gilt natürlich auch für Tauf- oder Sterbedaten. Selbst wenn Sie in diesem Fall lediglich die Linie des Mannes verfolgen konnten, dürfen Sie sich noch berechtigte Hoffnungen machen: Dass nämlich seine Gattin aus einem weit entfernten Gebiet stammte, war in damaligen Zeiten eher unwahrscheinlich. Vielleicht findet sich deshalb der entscheidende Hinweis auf die Betreffende schon im Nachbarort. Nun gilt es einen Brief an das betreffende Pfarramt zu schreiben, der sich an den Regeln der vorangehenden Seite orientieren sollte.

Die Mobilität war in früheren Jahrhunderten nicht so groß wie heute. Sollte eines Ihrer Familienmitglieder in einem Kirchenbuch verzeichnet sein, können Sie davon ausgehen, dass noch weitere Mitglieder in der Nähe dieses Ortes beheimatet waren.

Tauf- und Heiratsdatum helfen weiter

Recht simpel wird die Geschichte, wenn Sie beispielsweise über das Tauf- oder Heiratsdatum verfügen. Von beiden können Sie recht problemlos zum Zeitpunkt der Geburt zurückrechnen. Damit lassen sich natürlich – sofern die entsprechenden Aufzeichnungen noch vorhanden sind – neue Namen und Daten (die der Eltern und zuweilen auch

---

DURCHSCHNITTLICHES HEIRATSALTER IN FRÜHEREN ZEITEN

1500 – 1600: durchschnittliches Heiratsalter bei 20,4 Jahren

1600 – 1700: durchschnittliches Heiratsalter bei 21,7 Jahren

1700 – 1800: durchschnittliches Heiratsalter bei 22,5 Jahren

1800 – 1900: durchschnittliches Heiratsalter bei 22,9 Jahren

*Auch die Pfarrei der
berühmten Wieskirche in
Oberbayern verfügt natür-
lich über Kirchenbücher,
die Taufen, Hochzeiten
und Beerdigungen in der
Gemeinde dokumentieren.*

der Großeltern) herausfinden. Wie Sie das anstellen? Nun,
die Taufe hat früher in der Regel spätestens in der Woche
nach der Geburt stattgefunden, da man damals bekanntlich der religiösen Überzeugung war, dass ungetaufte Kinder nicht in den Genuss der ewigen Seligkeit kommen
könnten. Und angesichts der leider vergleichsweise hohen
Kindersterblichkeit sollte die Taufe rasch vollzogen werden.
Auch ein Heiratsdatum liefert recht häufig genaue Aufschlüsse über die Geburtsdaten der jeweiligen Ehepartner:
Wenn Sie davon ausgehen, dass bis zur Mitte des 19. Jahrhunderts jeder unverheiratete Mann über 25 praktisch als
»unvermittelbar« galt und jede unverheiratete Frau über 23
als »alte Jungfer« oder gar als »Hexe«, grenzt dies das vor-
aussichtliche Geburtsdatum ebenfalls schon auf einen
Zeitraum von wenigen Jahren ein. Zu Ihrer Hilfe eine kleine, statistische Übersicht auf der vorangehenden Seite.
Gut möglich, dass sich Ihre Vorfahren nicht an die allgemein gültigen Normen gehalten haben und vielleicht noch
jünger oder viel später den »Bund fürs Leben« eingegangen
sind. Doch für einen ersten Anhaltspunkt kann diese Tabelle recht nützlich sein.

**In den Kirchenbüchern
verzeichnete Tauf-,
Hochzeits- und
Beerdigungsangaben
lassen Rückschlüsse auf
entsprechende Geburts-
und Todesdaten zu, die
Ihnen erste Anhalts-
punkte für die weitere
Suche geben.**

Das richtige Pfarramt aufspüren

Nicht immer ist es leicht, das richtige Pfarramt zu finden. Das kann zum einen daran liegen, dass Sie nicht sicher wissen, welcher Konfession der Vorfahre angehörte, dessen Daten Sie besitzen. Vor allem im 17. Jahrhundert kann dies in Einzelfällen auch fast unmöglich zu ermitteln sein. Es gab im Verlauf des Dreißigjährigen Krieges beispielsweise in Oberschwaben Gemeinden, die sieben Mal (!) innerhalb weniger Jahre komplett die Religionszugehörigkeit wechseln mussten – die Verwirrung für die nachfolgenden Generationen war somit vorprogrammiert. Sieht man von diesen wechselvollen Jahren jedoch ab, kann Ihnen die unten stehende Übersicht vielleicht weiterhelfen. In allen übrigen Regionen sind Sie auf Glück angewiesen, und es kann nicht schaden, beide vorhandenen Pfarrämter anzuschreiben, um die »Trefferchancen« zu erhöhen. Eine weitere Schwierigkeit könnte darin begründet liegen, dass die betreffende Ortschaft über gar kein eigenes Pfarramt mehr verfügt oder dass die entsprechenden Unterlagen an anderer Stelle verwahrt werden. In beiden Fällen müssten Sie sich mit Ihrem Schreiben an das jeweilige bischöfliche Ordinariat wenden. Ein ausgezeichneter Ansprechpartner kann auch das Archiv der jeweiligen Landeskirche sein – die dort Beschäftigten sind auf Anfragen dieser Art spezialisiert und helfen Ihnen sicherlich gerne weiter.

> **Wenn Sie die gewünschten Kopien erhalten haben, gilt es, sich mit den neu gewonnenen Daten gründlich auseinander zu setzen. Denken Sie daran, dass diese Aufzeichnungen nicht mit heute ausgestellten Urkunden vergleichbar sind. Die Kirchenregister nämlich hielten lediglich Daten und Ereignisse fest, die direkt oder indirekt im Zusammenhang mit der Kirche selbst standen – also Taufe, Hochzeit und Beerdigung.**

VERTEILUNG DER KONFESSIONEN

Fast ausschließlich protestantisch: Schleswig-Holstein, Friesland, Brandenburg, Mecklenburg-Vorpommern, Nord-Niedersachsen

Fast ausschließlich katholisch: Nieder- und Oberbayern, Eifel, Südhessen, Münsterland, Emsland, Pfalz, Österreich

Sehr geehrter Herr Pfarrrer Groß
(Hochwürden Groß),

gestatten Sie mir, dass ich mich kurz vorstelle. Mein Name ist
Hubert Müller, gebürtig in Donauwörth, und ich versuche, die
Geschichte meiner Familie zu erforschen. Dabei bin ich auch
auf den Namen Ihrer Kirchengemeinde gestoßen und ich
würde mich freuen, wenn Sie Zeit und Muße fänden, um mir
in einem entscheidenden Punkt weiterzuhelfen.

Einer meiner Vorfahren väterlicherseits, Konrad Müller (geboren um ??, gest. 1849), zog in den 20er-Jahren des 19. Jahrhunderts aus Ihrer Kirchengemeinde weg, um sich in Lauingen
niederzulassen. Im dortigen Kirchenregister sind die Hochzeit
des Konrad Müller mit Hermine Gutmann sowie sein Sterbedatum verzeichnet. Leider fehlt mir bislang der Ansatzpunkt
für weitere Nachforschungen, den ich in Ihrem Archiv zu entdecken hoffe. Wäre es Ihnen möglich, im Register einen entsprechenden Geburtsnachweis und möglicherweise sogar
weitere Daten (Eltern, Geschwister) des Konrad Müller ausfindig zu machen und mir diese in Kopie zuzusenden? Zwar
ist mir das exakte Taufdatum des Konrad Müller nicht bekannt, doch da in Lauingen im Jahre 1822 seine Eheschließung
dokumentiert ist, dürfte er um 1800 in Ihrer Gemeinde geboren und getauft worden sein.

Sollten Sie für derartige Nachforschungen derzeit keine Gelegenheit haben, würde ich mich freuen, wenn ich mich selbst
an Ort und Stelle kundig machen könnte und Sie mir Einsicht
in die entsprechenden Abschnitte Ihres Kirchenregisters gestatten. Für einen Terminvorschlag wäre ich Ihnen dankbar.

Hochachtungsvoll

Unterschrift

Achtung: Vergessen Sie niemals einen ausreichend frankierten Rückumschlag beizulegen und achten Sie darauf, dass dieser möglicherweise ein relativ großes Bündel an Papieren zu transportieren hat. Ein gewöhnlicher Briefumschlag ist demzufolge nicht immer ausreichend.

Allerdings können Sie getrost davon ausgehen – wie zuvor schön erwähnt – dass Geburt und Taufe ebenso wenig weit auseinander lagen wie Tod und Beerdigung.

Zu den letztgenannten ebenfalls noch eine kleine »Faustregel«: Im Falle eines natürlichen Todes wurde der Verstorbene in der Regel spätestens drei Tage nach seinem Ableben (schon aus hygienischen Gründen) beerdigt. Sollte sein Tod die Folge einer grassierenden Seuche sein (Pest o. ä.), wurde er aus den genannten Gründen wahrscheinlich noch am selben Tag zu Grabe getragen. Ein entsprechender Hinweis dürfte sich entweder in der entsprechenden Urkunde selbst oder aber im Kontext der Unterlagen befinden.

Sollten Sie kein Latein verstehen oder sich nicht mehr sicher genug fühlen, ist es ratsam, für die Analyse der Kirchenbücher, die in Latein verfasst wurden, einen Fachmann hinzuzuziehen.

Lateinkenntnisse erforderlich

Und damit kommen wir zu einem der größten Probleme – vor allem für diejenigen unter uns, die im Lateinunterricht (sofern sie einen solchen überhaupt hatten) nicht so gut aufgepasst haben. In den katholischen Pfarrgemeinden nämlich wurden die entsprechenden Aufzeichnungen bis etwa um das Jahr 1840 ausschließlich in Latein geführt – in der kirchlichen »Amtssprache« also. Darüber hinaus war es im Zuge des »Humanismus« vor allem im ausgehenden 16. und im 17. Jahrhundert üblich, die Familiennamen ins Lateinische zu transferieren, sodass teilweise recht seltsame Gebilde entstanden.

Zwei Beispiele mögen dies verdeutlichen: Der Name »Wolf« konnte durchaus zu »Lupus« werden, und wenn eine regelgerechte Übersetzung nicht möglich war (wie beispielsweise im Falle des Namens »Huber«), machte der kirchliche Amtsschimmel eben ein »Huberus« draus. In jedem Fall empfiehlt sich ein Lateinlexikon. Wenn Sie gar nicht mehr weiterkommen, ist der Kontakt zu erfahrenen Genealogen wahrscheinlich angebracht. Manche Übersetzungen nämlich sind so »abstrus«, dass wahrscheinlich nur noch

Alte Urkunden beinhalten mitunter lateinische Begriffe. Die hier aufgeführte Liste hilft Ihnen in vielen Fällen bei deren Übersetzung.

HÄUFIGE BEGRIFFE AUS DEM LATEINISCHEN

▶ **Thema Eheschließung:**

copulatio	=	Trauung, Hochzeit
maritus	=	Ehemann
proclamati	=	Aufgebot

▶ **Thema Abstammung:**

avia	=	Großmutter
avius	=	Großvater
natus filia	=	geborene Tochter von
natus filius	=	geborener Sohn von
affinis	=	Schwager oder Schwiegersohn
vitricius	=	Stiefvater
spurius	=	unehelich

▶ **Thema Tod:**

vidua	=	Witwe
viduus	=	Witwer
defunctus	=	gestorben
sepultus	=	bestattet, begraben

▶ **Thema Geburt:**

nutrix	=	Amme
patrius	=	Pate
renatus	=	getauft

die Erfahrung eines »alten Hasen« auf diesem Gebiet für Sicherheit sorgen kann. Die übrigen lateinischen Begriffe in den alten Urkunden sind hingegen recht einfach zu »knacken« und werden Ihnen nach ein paar Wiederholungen sicherlich schnell geläufig. Zu Ihrer besseren Übersicht die voranstehende Auflistung.

Sehr problematisch wird es natürlich, wenn Ihre Vorfahren aus einem anderen Sprachraum stammen. Dabei kann es sich um hugenottische Wurzeln handeln (französisch), um slawische (oftmals russisch) oder auch Wurzeln, die auf dem Balkan liegen (oftmals griechisch). Vor allem im Falle der beiden letztgenannten ist es für den Uneingeweihten fast unmöglich, in brieflichen Kontakt mit den jeweiligen Pfarrämtern zu kommen oder – wenn dies doch gelungen ist – die erhaltenen Kopien oder Aufzeichnungen zu entziffern. Grund: die kyrillische Schreibweise – das vollständig anders geartete Alphabet. In solchen Fällen werden Sie einen Experten um Rat zu fragen müssen. Adressen finden Sie im Anhang des Buches.

Stoßen Sie im Rahmen Ihrer Nachforschungen auf Informationen, die den heutigen Sprachraum und die Grenzen überschreiten, ist es ratsam, einen Fachmann zurate zu ziehen.

Die Standesämter – Napoleon sei Dank

Nach Beendigung der napoleonischen Kriege, nach der Schlacht von Waterloo und dem Wiener Kongress hatte der kleine, mächtige Korse Napoleon wahrlich nicht mehr allzu viele Bewunderer. Doch nicht einmal seine schärfsten Kritiker und fanatischsten Gegner wären auf die Idee gekommen, einige seiner reformerischen Ideen und Errungenschaften infrage zu stellen. Dazu zählt die heute als »Gebietsreform« bezeichnete Flurbereinigung, die Napoleon nicht nur in Frankreich, sondern auch in den von ihm besetzten Territorien initiierte, sowie natürlich die staatliche Registrierung so genannter Personalstandsdaten in eigens dafür geschaffenen Standesämtern. Diese Ämter wurden also mit Beginn der französischen Besetzung zu Anfang des 19. Jahrhunderts links des Rheins eingeführt. Auch in den angrenzenden, unbesetzten Teilen Deutschlands (rechts des Rheins) übernahmen Gemeinden und zuweilen ganze Regionen diese Praxis. Ausgedehnt auf den gesamten deutschen Bereich wurde dieses Prinzip aber erst 1875, als der Reichstag das »Gesetz über die Beurkundung des Personenstandes« erließ. Bei Forschungen vor diesem Datum ist man – zumindest bei vielen Gebieten rechts des Rheins – eher auf Kirchenbücher angewiesen.

Bei welchen Fragestellungen kann Ihnen das Standesamt von Nutzen sein? Nun, wenn Sie z. B. den Geburtsort eines Vorfahren ermittelt haben, leider aber Geburtstag oder weiterführende persönliche Daten nicht mehr zu ermitteln sind, können Sie sich an das Standesamt des betreffenden Ortes wenden. Auch hier gelten bestimmte Regeln.

Anfang des 19. Jahrhunderts wurden unter der Herrschaft Napoleons die Standesämter mit ihrer Personenstandsregistrierung eingeführt, die äußerst hilfreich sein kann, wenn man den Geburtsort, nicht aber das Geburtsdatum eines Familienmitglieds ausfindig gemacht hat.

BRIEFREGELN FÜR DAS STANDESAMT

▶ Schreiben Sie einen höflichen Brief, in dem Sie die Gründe und die Art Ihrer Nachforschungen präzisieren.

▶ Vergessen Sie dabei bitte nicht die Art des Verwandtschaftsverhältnisses mit der gesuchten Person zu definieren, und zwar so, dass dies dem Standesbeamten auch einleuchtend ist. Ansonsten könnte er auf den Datenschutz verweisen, auch wenn Ihnen dies absurd vorkommen mag.

▶ Seien Sie genau – versuchen Sie den Suchbereich so eindeutig wie möglich zu definieren. (Beispiel: Nachname der Person war Müller, er war männlich, sein Geburtstag liegt wahrscheinlich zwischen den Jahren 1860 und 1870.)

▶ Legen Sie einen frankierten Rückumschlag bei.

▶ Bitten Sie nie um Originalpapiere, sondern um Kopien.

▶ Bieten Sie außerdem stets an, eventuell anfallende Gebühren zu ersetzen.

Sehr geehrte Damen und Herren,

bitte gestatten Sie mir, mich in einigen Zeilen vorzustellen und Ihnen mein Anliegen vorzutragen. Mein Name ist Hubert Müller, gebürtig in Donauwörth. Ich versuche die Geschichte meiner Familie zu erforschen. Dabei bin ich auch auf den Namen Ihrer Gemeinde gestoßen und würde mich freuen, wenn Sie die Zeit fänden, mir in einem entscheidenden Punkt weiterzuhelfen.

Der Hinweis auf die Übernahme möglicher Gebühren ist kommunalen Stellen stets von bedeutung. Übrigens: € 50,– ist natürlich ein fiktiver Betrag. In der Regel liegen die Gebühren weit darunter. Dass Sie gleichzeitig auch Ihre Bereitschaft bekunden, persönlich in das jeweilige Amt zu kommen, unterstreicht die Dringlichkeit Ihrer Anfrage. Achtung: Vergessen Sie nicht den frankierten und ausreichend großen Rückumschlag.

Meine Ururgroßmutter, die im Jahre 1869 meinen Vorfahren väterlicherseits, Herrmann Müller, in Lauingen ehelichte, stammt aus Ihrer Gemeinde. Dank der freundlichen Unterstützung des Lauinger Standesamtes weiß ich, dass der Taufname meiner Ururgroßmutter Hermine Gerbrechtinger lautete. Sie starb im Jahre 1906 und wurde auf dem Lauinger Gemeindefriedhof beigesetzt. Leider sind mir aber keine weiteren Daten zu Hermine Gebrechtinger bekannt. Deshalb meine Bitte: Wäre es Ihnen möglich, mir einen Geburtsnachweis meiner Ururgroßmutter in Kopie zukommen zu lassen? Anhand der mir bislang vorliegenden Dokumente lässt sich die Suche nach Hermine Gerbrechtingers Geburtsurkunde wahrscheinlich auf das Jahr 1845 bis 1852 eingrenzen.

Ich bin gerne bereit, eventuell anfallende Gebühren oder Auslagen zu übernehmen, sollten diese nicht den Betrag von € 50,– übersteigen. Sollte Ihnen die Suche selbst nicht möglich sein, würde ich mich auch sehr freuen, wenn ich mich an Ort und Stelle kundig machen dürfte. Für einen Terminvorschlag Ihrerseits wäre ich Ihnen dankbar.

Hochachtungsvoll

Unterschrift

Die Gebietsreform und die Standesämter

Nun kann es natürlich vorkommen, dass in der betreffenden Gemeinde überhaupt kein Standesamt (mehr) existiert, denn um 1971 begann in ganz Deutschland die
Gemeindegebietsreform. Zahlreiche kleine Ortschaften
wurden per Dekret zu Teilorten anderer Kommunen gemacht. Somit wurde beispielsweise das Dorf Gerlenhofen
zu einem Teil der Kreisstadt Neu-Ulm, was wiederum dazu
führte, dass die meisten Unterlagen, die bis dato im Ger-
lenhofener Rathaus verwahrt worden waren, nunmehr im
Rathaus Neu-Ulm lagern. In anderen Fällen, in denen beispielsweise zwar selbstständige, aber sehr kleine Gemeinden über kein eigenes Standesamt verfügen, ist einfach die
nächste größere Gemeinde im Landkreis für die Aufbewahrung der Akten zuständig. Sie können sich die
mühsame Suche recht einfach durch einen Gang in eine
öffentliche Bibliothek verkürzen: Dort sind zumeist Orts-
verzeichnisse zur Einsicht vorhanden, in denen für alle Gemeinden und Teilorte eines bestimmten Bundeslandes die
jeweils zuständigen Behörden mit ihrem Sitz genannt sind.

Kosten fallen immer an

Wie die verschiedenen Standesämter auf Ihre Anfrage rea-
gieren, bleibt abzuwarten. Im Prinzip stehen die meisten
Beamten einer derartigen Unterbrechung ihres Alltags
recht wohlwollend gegenüber. Meine eigenen Erfahrungen
sind im Großen und Ganzen positiv. Meist wurden die gewünschten Informationen recht schnell und ohne Kosten
zugestellt, zuweilen erhielt ich sogar einen Anruf oder
einen Brief mit zusätzlichen, weiterführenden Hinweisen.
Vor allem aus größeren Archiven kam allerdings häufig
auch eine Rechnung – manchmal als Nachnahme, zuweilen aber auch schon als Vorausberechnung. Mit diesem
Betrag ist die Bearbeitungsgebühr für die beglaubigte

**Die Gemeindegebiets-
reform von 1971 hat in
Deutschland so manches
Standesamt verschwinden
lassen. In diesem Fall hilft
ein Verzeichnis, in denen
die zuständigen Behören
aufgeführt sind.**

Kopie der Geburtsurkunde abgedeckt – er liegt zur Zeit bei ca. 20,– €. In ungünstigen Fällen oder wenn Sie nur sehr unzureichende Daten zu Ihrer Suchanfrage liefern konnten, können weitere Kosten auf Sie zukommen: Zuweilen nämlich hat der Stadtkämmerer eigens für diese Fälle eine »Suchgebühr« in den jeweiligen Etat des Archivs integriert. Diese kann je nach zeitlichem Aufwand für den Beamten zwischen 10,– bis 30,– € betragen. Allerdings muss Ihnen diese Gebühr vorher mitgeteilt werden. Eine nachträgliche Rechnungstellung für die Gemeinde ist nur in bestimmten Ausnahmefällen zulässig. Um sich abzusichern, können Sie natürlich den letzten Absatz Ihres Briefes folgendermaßen formulieren: »Ich bin gerne bereit, eventuell anfallende Unkosten oder Gebühren zu tragen, sollten diese nicht den Betrag X übersteigen.« Damit vermeiden Sie unangenehme Kostenüberraschungen.

Aussagekräftige Geburtsurkunden

Anfragen an das Standesamt sollten Sie immer schriftlich formulieren. Wenn Sie um die Kopie der Geburtsurkunde bitten, muss das schriftlich geschehen, damit das Standesamt einen Beleg für den Vorgang hat, denn schließlich handelt es sich ja nicht um irgendwelche Papiere: Mit diesem Dokument nämlich erhalten Sie nicht nur das Geburtsdatum, sondern auch noch zusätzlich hilfreiche Elemente. In der Regel sind auf der Urkunde auch Namen, Beruf und das Alter der Eltern des Betreffenden vermerkt, was Ihren weiterführenden Forschungen bereits eine solide Basis verschafft. Zuweilen – wenn auch nicht überall – enthält die Urkunde sogar noch den Wohn- oder Geburtsort der Eltern des Betreffenden. Vor allem bei älteren Geburtsurkunden werden darüber hinaus auch noch die Zeugen der Beurkundung genannt, sodass sich Rückschlüsse auf eine eventuelle Verwandtschaft ziehen lassen.

*Angst vor Archiven und
Bibliotheken muss nie-
mand haben. Das Perso-
nal ist angehalten, den
Nutzern behilflich zu sein.*

Archivarbeit

Nun könnte bei Ihren Nachforschungen natürlich der Fall
eintreten, dass Sie nicht nur eine, sondern gleich ein
ganzes Bündel von Urkunden sichten und auswerten wollen. In diesem Fall dürfte ein Schreiben ans Standesamt
kaum noch die adäquate Methode sein. Zum einen können
Sie kaum erwarten, dass sich ein städtischer Beamter für
Sie stundenlang ins Archiv setzt, zum anderen würden damit natürlich die Bearbeitungsgebühren deutlich steigen.
Es empfiehlt sich also eher eine »Archivreise«, wobei die
Zweitschriften der standesamtlichen Akten zumeist in
staatlichen Archiven lagern. Wo das jeweilige Archiv beheimatet ist, lässt sich durch einen Anruf bei der Öffent-
lichkeitsabteilung der jeweiligen Landesregierung oder
auch im Standesamt selbst erfragen.

Allerdings gilt bei der Einsichtnahme in die Akten eine Da-
tenschutzregel: Unterlagen, die jünger als 100 Jahre sind,
dürfen nur in berechtigten Ausnahmefällen und unter bestimmten Auflagen eingesehen werden. In der Regel reicht
»Familienforschung« als Begründung leider nicht aus.

**Wenn der Arbeitsauf-
wand für Archivbediens-
tete hinsichtlich Ihrer
Anfrage zu groß ist,
sollten Sie zur Kosten-
dämmung eine Reise ins
Auge fassen, um selbst
vor Ort in den ent-
sprechenden Archiven
ein Studium der Akten
vornehmen zu können.**

Ansonsten jedoch steht einer Einsicht selten etwas im Wege. Ganz im Gegenteil: Beamte in größeren Städten und Archiven sind häufig mit derartigen Anfragen konfrontiert und helfen Ihnen gerne, sich zurechtzufinden. Vorherige Anmeldung und Terminabsprache sind unerlässlich.

Gründliche Vorbereitung ist wichtig

Bevor Sie sich jedoch auf den Weg machen, müssen Sie sich die folgenden Tatsachen vor Auge halten. Eine gründliche Vorbereitung ist unumgänglich, denn sonst wühlen Sie sich womöglich tage- und wochenlang durch endlose Aktenberge, bevor Sie das richtige Dokument gefunden haben. Sie sollten also ein Liste parat haben, anhand derer Sie den Suchbereich entscheidend eingrenzen können. Dabei gilt es zu beachten, dass es mehrere Suchkriterien gibt. Zum einen natürlich die jeweiligen Namen der zu ermittelnden Personen, zum anderen aber auch die Geburts- oder Todesdaten. Somit wäre es also angebracht, alle verfügbaren Daten über die betreffende Person oder auch diejenigen der Eltern oder Kinder griffbereit zu haben.

Was ist der Grund für eine sorgfältige Vorbereitung? Nun, in größeren Archiven umfasst schon der Bereich der bloßen standesamtlichen Urkunden eine Aktenanzahl, die in die Millionen geht. Nur wenige dieser Archive arbeiten bis heute komplett mit Datenverarbeitung. Vor allem die Eingabe älterer Dokumente – und nur diejenigen dürfen Sie überhaupt sehen – wird teilweise gar nicht oder nur sehr zögerlich vorgenommen. Das Procedere, das Sie womöglich zu Hause am eigenen Computer gewohnt sind, funktioniert hierbei leider nicht: Eingabe des Suchbegriffs und Ergebnisse anzeigen lassen. Schade, aber so sieht die Realität derzeit aus. Das Blättern in alten Karteikarten und dicken Ordnern wird Ihnen nicht erspart bleiben.

Unternehmen Sie eine Fahrt zu einem Archiv nie ohne Ihre Unterlagen und ohne ein genau umrissenes Suchfeld, denn sonst könnte der Fall eintreten, dass Sie sich durch schier endlose Karteikarten- und Aktenberge wühlen müssen.

Sie werden sich also durch einen Papierberg kämpfen müssen. Je kleiner dieser letztlich ist – je gezielter Sie also suchen können –, desto effizienter werden Ihre Nachforschungen ausfallen.

Decennaltabellen

Dazu ist es hilfreich zu wissen, dass die großen staatlichen Archive im Bereich der standesamtlichen Urkunden so genannte Decennaltabellen aufgestellt haben. Dabei handelt es sich um einen Index – quasi eine Inhaltsübersicht – der Register, wobei immer exakt der Zeitraum eines Jahrzehnts vergleichsweise übersichtlich zusammengefasst wurde. Diese Tabellen werden Sie immer dann zu Rate ziehen müssen, wenn Sie ein Geburts- oder Sterbedatum nicht genau wissen, aber es immerhin auf eine Jahrzehnt einschränken können.

Anhand der Decennaltabellen wird Ihnen die Suche entscheidend erleichtert, denn hier funktioniert das bloße Suchen nach Namen durchaus. Wenn Sie auf den richtigen gestoßen sind, liefert Ihnen die Tabelle den Hinweis, unter welcher Nummer, in welchem Ordner und in welchem Regal die entsprechende Urkunde zu finden ist. Bei Allerweltsnamen wie Müller oder Maier kann dies natürlich trotzdem recht mühsam sein. Selbst die Kenntnis des Vornamens wird Ihnen ein relativ langes Studium schier endloser Listen zuweilen nicht ersparen.

So genannte Decennaltabellen, sprich Namenstabellen für jeweils zehn Jahre, erleichtern Ihnen Ihre Arbeit ungemein, denn diese Tabellen verweisen dann auf den jeweiligen Urkundenstandort im Archiv.

PRAXISTIPP

Bitte beachten Sie bei Ihren Recherchen, dass Heiratsurkunden stets unter dem Namen des Mannes zu suchen sind.
In der Decennaltabelle sind sie folgendermaßen aufgeführt: Greilbauer/Huber – wobei Greilbauer also hier für den männlichen Part steht.

Erstellt werden Decennaltabellen im Übrigen nach den Gesichtspunkten Geburtsjahr, Todesjahr und Jahr der Eheschließung.

Die linksrheinische Herrschaft der Franzosen führte zu einigen speziellen Besonderheiten bei der standesamtlichen Registrierung wie zur Übertragung der Vornamen ins Französische und zu einer anderen Zeitrechnung.

Amtssprache Französisch

Wie bereits erwähnt, war die Einführung der standesamtlichen Registrierungen eng mit der Zeit der französischen Besatzung linksseitig des Rheins verknüpft. Die von Napoleon in Amt und Würden gesetzten Beamten übernahmen die Vorgaben buchstabengenau, was wiederum bedeutete, dass Französisch in diesen Bereichen zur alleinigen Amtssprache wurde. Dies mag den einen oder anderen verwirren, denn zumeist wurden auch die Vornamen der registrierten Personen in die Amtssprache übertragen. Aus Johann wurde also Jean und aus Jakob wurde Jacques. Interessanterweise blieben die Nachnamen davon allerdings fast immer unberührt – adäquate Übersetzungen waren den betreffenden Schreibern wohl zu mühsam.

Ins Französische übertragen wurden zumeist auch die Ortsnamen, vorausgesetzt es gab dafür eine französische Bezeichnung. Da dies bei den meisten kleineren Gemeinden nicht der Fall war, blieb diese Transferierung meist den großen Städten wie Aachen (Aix-la-Chapelle), Mainz (Mayence) oder Köln (Cologne) vorbehalten.

Änderungen in der Zeitrechnung

Die französische Revolution im Jahre 1789 brachte nicht nur tief greifende Veränderungen für das gesamte politische und kulturelle Leben in ganz Europa mit sich, sondern hatte – wenngleich auch nur kurzfristig – auch Änderungen im Kalender zur Folge. Die Revolutionäre nämlich wollten sich mit dem gregorianischen – von der katholischen Kirche verfassten – Kalendarium nicht mehr zufrieden geben, sondern ersannen neue Namen und zeitliche Abläufe.

FRANZÖSISCHER KALENDER

Pluviöse	–	20. Januar bis 18. Februar
Ventöse	–	19. Februar bis 20. März
Germinal	–	21. März bis 19. April
Floreal	–	20. April bis 19. Mai
Prairial	–	20. Mai bis 18. Juni
Messidor	–	19. Juni bis 18. Juli
Thermidor	–	19. Juli bis 17. August
Fructidor	–	18. August bis 21. September
Vendemaire	–	22. September bis 21. Oktober
Brumaire	–	22. Oktober bis 20. November
Frimaire	–	21. November bis 20. Dezember
Nivose	–	21. Dezember bis 19. Januar

Zwölf Jahre lang währte der französische Kalender, der für einige Verwirrung bei Ihren Nachforschungen sorgen kann.

Zu Ihrer Übersicht sehen Sie oben den französischen Kalender jener Jahre, wobei das Abschlussjahr der Revolution (1792) gleichzeitig zum Jahr 1 ausgerufen wurde. Eine politische Entscheidung, die im Nachhinein zwar belächelt werden könnte, die aber für den heutigen Genealogen nicht unerhebliche Schwierigkeiten parat hält, denn damit verschoben sich natürlich auch die Jahreszahlen.

Wie bereits erwähnt: Das Jahr 1792 wurde zum ersten Jahr der neuen Zeitrechnung und im Jahre 1804 – dem so genannten Jahr Zwölf – endete diese Epoche wieder und man kehrte zum ursprünglichen Kalender zurück. Auch hierzu erhalten Sie im Folgenden eine kleine Übersicht, in der auch gleich berücksichtigt wurde, dass die Jahreszahlen in den Urkunden im Regelfall in lateinischen Ziffern vermerkt wurden.

JAHRESZAHLEN NACH DEM FRANZÖSISCHEN KALENDER

I	–	1792/93
II	–	1793/94
III	–	1794/95
IV	–	1795/96
V	–	1796/97
VI	–	1797/98
VII	–	1798/99
VIII	–	1799/1800
IX	–	1800/01
X	–	1801/02
XI	–	1802/03
XII	–	1803/04

Um die Angelegenheit noch weiter zu komplizieren: Die Monate verschoben sich in manchen Jahren und auch die Tage wurden zuweilen anders gezählt. Zwar existiert für die genaue Umsetzung eine Tabelle, doch ist diese ohnehin fast nur für Fachleute nachvollziehbar. Sollten Sie aus diesem Bereich genauere Auskünfte benötigen, so empfehle ich deshalb, die Hilfe eines Fachmanns in Anspruch zu nehmen. Genealogische Vereine sind bundesweit für derartige Anfragen prädestiniert und helfen Ihnen sicher gerne weiter. Die entsprechenden Kontakte entnehmen Sie bitte den Listen und Adressen im Anhang dieses Buchs.

Im Übrigen empfiehlt es sich für denjenigen, der der französischen Sprache nicht mächtig ist, beim Sichten derartiger Unterlagen stets ein Wörterbuch zur Hand zu haben.

Nicht nur Jahre, sondern auch Monate und Tage veränderten sich mit dem französischen Kalender. Im Einzelfall sollte man deshalb fachlichen Rat einholen.

Die wichtigsten Begriffe werden sich Ihnen allerdings schnell einprägen. Zur Übersicht seien sie hier jedoch auch noch einmal angefügt.

Wichtige Begriffe aus dem Französischen

▶ Anniversaire   =   Geburtstag
▶ Acte de naissance   =   Geburtsurkunde
▶ Acte de Marriage   =   Heiratsurkunde
▶ Acte de deces   =   Sterbeurkunde

Weitere leicht zugängliche Informationsquellen

Wenn Sie bei Ihren Nachforschungen auch durch Kirchenbücher oder die Standesämter nicht entscheidend vorangekommen sind, gibt es noch weitere, allgemein recht leicht zugängliche Informationsquellen. Da wären beispielsweise die Adressbücher der Kommunen zu nennen, aber auch die Archive lokaler Zeitungen sowie die Einwohnermelderegister.

Adressbücher

Schon zu Beginn des 18. Jahrhunderts tauchten überall in Deutschland so genannte Adresskalender auf. Diese enthielten nicht nur einen Kalender, sondern auch ein komplettes Einwohnerverzeichnis der betreffenden Stadt – vergleichbar in etwa mit dem heutigen »Straßenregister«, das vielen Stadtkarten beigefügt wird. Da Städte damals zumeist noch kleiner und überschaubarer waren, war solch ein Adresskalender relativ schnell und simpel zu gestalten bzw. herzustellen. Diese Form der Publikation erfreut sich großer Beliebtheit und erlebte eine etwa 100-jährige Blüte, ehe sie nach und nach von so genannten »ordentlichen Adressbüchern« – vergleichbar mit unseren heutigen Telefonbüchern – abgelöst wurde.

Neben den Kirchenbüchern und den Unterlagen der Standesämter sind auch so genannte Adressbücher und Adresskalender bei der Erforschung der Familiengeschichte hilfreich. In diesen wurden früher alle Einwohner einer Stadt festgehalten.

Natürlich ändert jede Stadt im Laufe der Jahrhunderte ihr Gesicht. Trotzdem können Sie in Adressbüchern wichtige Daten für Ihre Nachforschungen finden.

So wurde beispielsweise in Hamburg 1823 erstmals ein solches Adressbuch herausgegeben – Berlin hatte schon drei Jahre zuvor seine erste Auflage gedruckt und verteilt. Allerdings beschränkt sich diese Form der Veröffentlichung zunächst auf die großen Städte. Erst gegen Ende des 19. Jahrhunderts wurden auch erste »Kreisadressbücher« herausgegeben, die die Einwohnerschaft ländlicher Gebiete berücksichtigte.

Das Adressbuch ist in erster Linie als eine Ergänzung zu den standesamtlichen Unterlagen oder zu den Dokumenten aus den Kirchenbüchern zu sehen. In manchen Fällen kann es aber auch entscheidende Hinweise liefern, die dem Ahnenforscher weiterhelfen.

Mit Hilfe der Adressbücher lässt sich nicht nur der Wohnort eines Vorfahren ermitteln, sondern auch dessen Beruf oder seine soziale Stellung.

Ein Beispiel: Nehmen wir an, dass einer Ihrer Vorfahren unverheiratet blieb und weder Todes- noch Geburtsort ermittelbar sind. In solchen Fällen ist es sehr unwahrscheinlich, dass in den kirchlichen oder auch standesamtlichen Dokumenten von ihm die Rede ist. In den Adressbüchern sehr wohl und anhand derer können Sie sogar seinen Beruf erkennen und – sofern von Interesse – seine Rang- oder Positionsbezeichnung. So mag der Schreinergeselle im Laufe der Zeit zum Meister aufgestiegen sein; in den Adressbüchern der verschiedenen Jahrgänge finden Sie diesen Werdegang dokumentiert.

Leerstellen deuten lernen

Im Übrigen ist es natürlich auch möglich, dass die entsprechenden Kirchenbücher aus dem betreffenden Ort nicht mehr vorhanden sind. Auch in diesem Fall können Sie mittels der Adressbücher zumindest erahnen, wann das Todesjahr des Betreffenden war.

War er 1822 noch eingezeichnet? Und fehlte er 1823? Die Wahrscheinlichkeit ist ziemlich groß, dass er im Laufe des Jahres 1822 – sofern er ein bestimmtes Lebensalter erreicht hatte – verstorben ist. Dabei ist natürlich ein Umzug nicht auszuschließen, doch dies würde in erster Linie doch eher relativ junge Menschen betreffen, denn im gesetzteren Alter pflegte der Mensch damals nur noch höchst selten den Wohnort zu wechseln.

Taucht ein Name in einem Adressbuch im Folgejahr nicht mehr auf, ist derjenige mit großer Wahrscheinlichkeit im vorhergehenden Jahr verstorben.

> ### PRAXISTIPP
>
> Wenn Sie in einem Adressbuch oder Adresskalender doch einmal einen Frauennamen entdecken, so können Sie mit an Sicherheit grenzender Wahrscheinlichkeit davon ausgehen, dass es sich um eine Witwe oder (seltener) um eine unverheiratete Frau handelte. Der Witwenstand ist normalerweise sogar als solcher vermerkt. Sollten Sie das Adressbuch als bislang einzige Quelle zu dieser Person haben, so dürfte sich ein weiteres Suchen nach dem »männlichen Part« damit schon entscheidend vereinfachen: Entweder es hat ihn nie gegeben oder sein Todesdatum liegt vor dem Erscheinungsdatum des Ihnen vorliegenden Büchleins.

Ein spezieller Fall sind hingegen Menschen, die aus beruf-
lichen Motiven vergleichweise häufig umgezogen sind.
Dabei könnte es sich beispielsweise um Soldaten oder
Handwerksgesellen handeln. Um deren Werdegang einigermaßen verfolgen zu können, benötigen Sie natürlich die
Register mehrerer Adressbücher, die zumeist in den öffentlichen Büchereien der jeweiligen Städte einzusehen sind.

Umzüge rekonstruieren

Ein Beispiel: Möglicherweise war Ihr Vorfahre im Jahre
1823 in Bremen, zog 1826 nach Hamburg um und 1833
nach Buxtehude. Dies ist nur einem Adressbuch nicht zu
entnehmen, denn dort sind Umzüge nicht als solche aus-
gewiesen. Sie müssten sich demnach ein Register der
Adressbücher im norddeutschen Raum beschaffen und
diese nach dem Namen Ihres Ahnen durchstöbern (ein
nicht ganz vollständiges Verzeichnis finden Sie im
»Taschenbuch der Familienforschung« von Wolfgang Ribbe
und Eckart Henning). Nur durch dieses Registerstudium
werden Sie fündig, auch wenn diese Vorgehensweise auf
den ersten Blick langwierig erscheint. Eine gewisse Hilfe
können in diesem Zusammenhang auch die so genannten
Einwohnermelderegister sein, auf die ich im weiteren Verlauf dieses Kapitels noch ausführlich zu sprechen komme.
Dort nämlich wurden Zu- und Umzüge registriert. Im Laufe
der Zeit werden Sie bei der Kombination verschiedener
»Informationselemente« ohnehin eine gewisse Routine ent-
wickeln, die Ihnen manches erleichtert.
Allerdings – und das soll an dieser Stelle nicht verschwie-
gen werden – können Adressbücher keinesfalls als »Ersatz«
für Kirchenregister oder standesamtliche Unterlagen her-
halten. Erst die Kombination zweier dieser Elemente vermittelt Ihnen ein einigermaßen lückenloses Bild. So finden
Sie in den Adressbüchern zwar den Namen und Beruf des

**Gleich mehrere Adress-
bücher müssen zurate
gezogen werden, wenn
der Gesuchte umgezogen
sein sollte. Häufig führte
erst die Arbeit auf ver-
schiedenen Suchebenen,
also Nachforschungen in
Einwohnermelderegis-
tern, Kirchenbüchern und
dergleichen mehr, zum
gewünschten Erfolg.**

Vorfahren, die Anzahl der Kinder und sogar die Ehegattin werden in den meisten Fällen nicht genannt. In der Regel wurde damals nämlich lediglich der so genannte Haushaltsvorstand aufgenommen, und dies war seinerzeit fast ausschließlich der Mann.

Archive der Lokalzeitungen

Viel »Fleisch« für das »Gerippe« Ihrer Forschungen können auch die Archive der Lokalzeitungen liefern. Diese sind zumeist – nach Jahrgängen sortiert – in den Kellern oder Ablageräumen der Redaktionen oder Verlage zu finden. Ein Jahrgang umfasst einen dicken Band, in dem jede einzelne Zeitung säuberlich abgeheftet wurde. Dort lassen sich kommunalpolitische Ereignisse ebenso ablesen wie Nachrichten aus den Vereinen, kulturelle Veranstaltungen und Berichte über die Aktivitäten der örtlichen Wirtschaft. Als ehemaliger Tageszeitungsredakteur darf ich in diesem Zusammenhang einen Merksatz meines damaligen Chefs zitieren: »Eine lokale Tageszeitung ist nur dann eine gute Zeitung, wenn sich jeder Leser mindestens einmal im Blatt findet.« Dieser Grundsatz wurde in der Vergangenheit noch viel intensiver beherzigt – schon allein aus dem Grund, weil die Gemeinden meist noch wesentlich kleiner und übersichtlicher waren und die Mobilität der Einwohner eher beschränkt war.

Eine wahre Fundgrube für den Genealogen sind natürlich auch die Todes- und Geburtsanzeigen, die seit jeher zu den vordringlichsten Aufgaben der Anzeigenaquise einer lokalen Tageszeitung zu rechnen sind. Während in den meisten Blättern unserer Zeit meist nur einmal monatlich ein »Geburtenspiegel« erstellt wird – dies geschieht übrigens mit Hilfe der automatisch zugesandten Meldungen des Standesamtes –, wurde früher noch jede Geburt so schnell wie möglich

Auch alte Zeitungen können bei der Suche nach Vorfahren nützlich sein: Neben Geburts- und Todesanzeigen liefern ebenso Vereins-, Wirtschafts- und Kulturnachrichten aufschlussreiches Material.

vermeldet. Eine Geburtsanzeige könnte dann beispielsweise folgendermaßen ausgesehen haben: Voller Freude vermelden Steinmetzmeister Johann und Hermine Hutwelker (geb. Fleiss) die Geburt ihres Sohnes Ferdinand, der am 22. März das Licht der Welt erblickte.

Aus diesem »dürren« Satz lassen sich für den Genealogen etliche interessante Details erschließen. Abgesehen vom Namen der Betreffenden und dem genauen Geburtsdatum, erfährt der Familienforscher auch noch den Beruf seines Vorfahren Johann. Mit diesem Wissen ausgestattet ist es für ihn nun viel einfacher, in den Zeitungsbänden nach seinem Ahnen zu forschen. Johann war Steinmetz – was also liegt näher, als zunächst im Wirtschaftsteil nach Berichten und Informationen zu diesem Berufsstand und seinen Protagonisten zu suchen. Ähnlich aufschlussreich sind auch Todesanzeigen, denn abgesehen vom genauen Sterbedatum können Sie diesen zumeist auch die Namen der Hinterbliebenen entnehmen und haben damit einen weiteren wichtigen Baustein Ihres Puzzles gefunden.

Geburts- und Todesanzeigen offenbaren neben dem Datum auch Namen und Berufsstand der glücklichen Eltern oder der Trauernden. Diese Namen können zur Basis für weiterführende Untersuchungen werden.

Lokalzeitungen bergen wichtige Informationen für Familienforscher. Allerdings sollte man genau wissen, was man sucht, denn ein Jahrgang einer Tageszeitung hat über 300 Exemplare...

Suchbegriffe recherchieren

In einigen städtischen Archiven wurden die alten Ausgaben der lokalen Zeitung bereits auf Mikrofilm gebannt und können daher auch unter thematischen Stichpunkten abgerufen werden. Dies hieße in unserem Fall, dass Sie gezielt nach dem Namen »Hutwelker« suchen können – vorausgesetzt der Name spielte im wirtschaftlichen Leben der Gemeinde eine gewisse Rolle und taucht in verschiedenen Ausgaben auf. Noch einfacher wird es, wenn Ihr Vorfahre eine leitende Position innerhalb eines Unternehmens ausfüllte: In diesem Fall würde der Suchbegriff dann womöglich »Steinbruch Mähringen« heißen.

Im Normalfall problemlose Einsicht

Wie ich zuvor bereits angedeutet habe, sind die alten Jahrgangsbände häufig in den noch existierenden Lokalredaktionen aufzufinden und auch relativ problemlos einsehbar. Dafür wenden Sie sich schriftlich oder telefonisch zunächst einmal an den aktuellen Chefredakteur des Blattes – seinen Namen finden Sie im Impressum der Zeitung – und tragen ihm Ihr Anliegen vor. In 99 Prozent der Fälle – so meine Erfahrungen – wird man Ihnen gerne Gelegenheit geben, die alten Unterlagen zu sichten und sich gegebenenfalls auch Kopien zu machen. Dies allerdings setzt voraus, dass es im betreffenden Ort immer noch eine lokale Tageszeitung gibt, die – vielleicht auch unter einem anderen Namen – die Tradition der ehemaligen Zeitung fortführt. Leider ist dies längst nicht mehr überall der Fall. Viele kleine Lokalzeitungen wurden nämlich in den vergangenen Jahren und Jahrzehnten von großen Verlagen »geschluckt«. Das bedeutet in der Regel, dass kleinere Ortschaften gar keine eigene Zeitung mehr haben, sondern dass ihre lokalen Geschehnisse auf einer Seite in einer überregional erscheinenden Tageszeitung abgehandelt werden.

Selbst Kleinanzeigen können für Familienforscher Wichtiges enthalten.

Heimatausgaben der großen Tageszeitungen

Als gutes Beispiel darf ich an dieser Stelle die »Heimatausgaben« der Augsburger Allgemeinen anführen. Der so genannte »Mantelteil« mit den Nachrichten und Reportagen aus Deutschland und der Welt wird zentral in Augsburg produziert – in den umliegenden Städten wie Donauwörth, Wertingen, Aichach-Friedberg und Günzburg werden von den so genannten Lokalredaktionen weiterhin die Ereignisse aus der unmittelbaren Nachbarschaft bearbeitet. Diese Konstruktion birgt den Vorteil, dass Sie überall einen Ansprechpartner für Ihre Forschungen haben: Entweder Sie wenden sich an das Zentralarchiv der Augsburger Allgemeinen und fragen dort, wo Sie eventuell Einsicht in die Jahrgangsbände einer bestimmten Ortschaft nehmen könnten, oder aber Sie haben das Glück, dass diese archivarischen Unterlagen weiterhin in den »Lokalredaktionen« der jeweiligen Heimatausgabe verwahrt werden.

Große Tageszeitungen haben für ihre unterschiedlichen Lokalteile häufig ein Zentralarchiv. Das muss kein Nachteil Nachteil sein. So können Sie auch mal schnell einen Blick in die archivarischen Unterlagen der Nachbargemeinden werfen. Das spart Zeit und Wege.

REGELN FÜR ALTE LOKALZEITUNGEN

▶ Suchen Sie zunächst im Telefonbuch des jeweiligen Ortes den Heimatpfleger oder den Museumsverwalter und fragen Sie bei ihm/ihr nach, wo alte Ausgaben verwahrt werden.
▶ Sollte es keine derartige Person geben, wenden Sie sich an das Sekreteriat der Gemeinde.
▶ Sollten die Jahrgangsbände im ortseigenen Archiv einsehbar sein, bitten Sie um einen Besuchstermin.
▶ Sollten die Jahrgangsbände ausgelagert worden sein, lassen Sie sich die Adresse oder Telefonnummer geben und möglichst einen Ansprechpartner nennen.
▶ Wenden Sie sich mit einem höflichen Brief an das jeweilige Kreis- oder gar Landesarchiv und tragen Sie Ihr Anliegen vor. Nicht vergessen: Eine Zusendung der Unterlagen oder Kopien ist bei altern Zeitungsbänden so gut wie unmöglich.

Augsburger Zeitung
z. Hd. Herrn Dr. Schrenk
Augsburger Str. 189
86157 Augsburg

Sehr geehrter Herr Dr. Schrenk,

im Zuge meiner genealogischen Nachforschungen meine Familie betreffend bin ich auf Ihre werte Mithilfe angewiesen. Hinsichtlich der Jahre 1878 bis 1895 bin ich bei meinen Recherchen in eine Sackgasse geraten, die sich im Großraum Augsburg manifestiert. Die von mir angeschriebenen Kirchenregister und Standesämter konnten mir samt und sonders keine Auskunft über meine Familie liefern, und auch meine Nachforschungen in diversen anderen Archiven zeigten keinen Erfolg.

Nun wüsste ich gerne, ob sich in Ihren Archiven für den genannten Zeitraum noch alte Zeitungsjahrgangsbände befinden. Wenn ja, würde ich mich sehr freuen, wenn Sie mir die Möglichkeit einräumen könnten, mich selbst an Ort und Stelle kundig zu machen und mir Einsicht in die entsprechenden Bände Ihrer Zeitung zu gestatten, um gezielt nach Geburts- und Todesanzeigen wie auch nach Heiratsannoncen und dergleichen mehr suchen zu können.

Eventuelle Aufwendungen Ihrerseits werde ich selbstverständlich übernehmen. Ein frankierter und adressierter Rückumschlag liegt diesem Schreiben bei. Für einen Terminvorschlag Ihrerseits wäre ich Ihnen sehr dankbar und verbleibe

mit freundlichen Grüßen

Unterschrift

Achten Sie bei Ihren Anschreiben auf einen freundlichen aber verbindlichen Ton, damit der Ernst Ihrer Anfrage deutlich genug wird und Ihr Schreiben an die richtige Stelle weitergeleitet wird.

Einwohnermelderegister

Damit kommen wir zu den bereits angekündigten Einwohnermelderegistern: Diese wurden und werden bis zum heutigen Tag von den örtlichen Polizeidienststellen geführt und dienen dem Genealogen vor allem bei der Überprüfung von Zu- und Fortzügen in und aus der Gemeinde. Jedoch sind natürlich auch Wohnortwechsel innerhalb der Stadt oder des Dorfes dort registriert. Die Registerunterlagen, die teilweise bis weit ins 19. Jahrhundert zurückreichen, können in der Regel anstandslos eingesehen werden – Voraussetzung ist eine plausible Begründung für das Anliegen. Sofern keine Datenschutzverletzungen zu befürchten sind, wird »Familienforschung« in der Regel als legitimes Anliegen betrachtet.

Wichtig werden die Melderegister vor allem dann, wenn ein Vorfahre plötzlich in einer bestimmten Stadt oder Gegend auftaucht, in den Kirchenbüchern oder standesamtlichen Unterlagen jedoch kein Hinweis auf den Herkunftsort zu finden ist. Dies gilt natürlich auch dann, wenn Ihr Ahne jahrelang als Bürger einer Stadt »geführt« wurde, sich aus den dortigen Unterlagen jedoch kein Hinweis auf seinen Tod oder die Beerdigung ergibt. In diesen Fällen sind die Melderegister der beste und einfachste Weg, den Werdegang des Betreffenden zu verfolgen.

Um den Werdegang eines Menschen unter dem Blickwinkel von Zuzug oder Ortswechsel zu verfolgen, sind auch die Einwohnermelderegister sehr hilfreich. In diesen Registern wurden seit dem 19. Jahrhundert die Bewohner einer Stadt akribisch festgehalten.

Erlebte Geschichte – »greifbare« Quellen

Auf den vergangenen Seiten konnten Sie viel über Quellen lesen – Quellen, denen eines gemeinsam war: Sie waren allesamt schriftlicher Natur. Wenn Sie sich wirklich intensiv mit der Familienforschung beschäftigen, wenn Sie Spaß daran haben und schon ein gewisses »Erfolgslevel« erreicht haben – spätestens dann werden Sie feststellen, dass Ihnen dies noch nicht genügt.

Alte Fotos sind wichtige Anhaltspunkte für Familienforscher. Sie lassen trockene Daten lebendig werden und personalisieren Ihre Suche.

Bildmaterial

Wenn Sie sich im Zuge der Familienforschung lange Zeit mit einer bestimmten Person aus Ihrer Ahnenreihe beschäftigt haben, dann werden Sie möglicherweise eines Tages überrascht feststellen, dass Sie bereits ein bestimmtes Bild dieser Person vor Ihrem inneren Auge haben. Der vormals zitierte Steinmetzmeister Johann Hutwelker war sicherlich ein stattlicher, breitschultriger Mann. Der damaligen Mode gemäß dürfte er einen Schnäuzer getragen haben. Oder? Diese »inneren Bilder« zu bestätigen oder zu widerlegen ist nicht einfach, doch zuweilen gelingt das kleine Wunder. Wahre Fundgruben sind z. B. kleine Zigarrenkisten, die häufig in längst vergessenen Speichertruhen zu entdecken sind. Dort finden sich womöglich Studentenausweise oder auch Wehrpässe des einen oder anderen Vorfahren – möglicherweise sogar ein gezeichnetes Porträt oder ein halbvergilbtes Hochzeitsfoto.

Wenn Sie das Glück haben, auf derartige Kostbarkeiten zu stoßen, dann gehen Sie sorgfältig damit um. Vor allem dann, wenn die Bilder über einen längeren Zeitraum in

Über Briefe oder Urkunden kann man sich ein ungefähres Bild von den Menschen machen, die vor Jahrzehnten und vielleicht vor Jahrhunderten zur eigenen Familie gehörten. Doch Bilder vermitteln einen noch viel tieferen Eindruck.

einer relativ »geschützen« Umgebung lagerten, könte der plötzliche Einfall von Sonnenlicht oder die Einwirkungen von Feuchtigkeit deren Verfall rapide beschleunigen.

Bilder archivieren

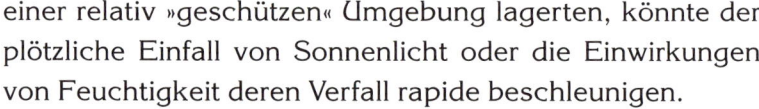

Machen Sie sich nach der Betrachtung zunächst einen Bleistiftvermerk auf der Rückseite und archivieren Sie das Bild anschließend sorgfältig. Sollten Sie bei Ihrer Datensammlung mit Karteikarten arbeiten, empfiehlt sich selbstverständlich die Aufbewahrung der Bilder bei den jeweiligen Karten. Sollten Sie sich für eine Archivierung und Datensammlung nach zeitgemäßem Muster im PC entschieden haben, so bietet sich natürlich die Möglichkeit, das jeweilige Bild »einzuscannen« und damit auf der Festplatte Ihres Computers zu verewigen. Der Vorteil hierbei: Die Bildqualität wird sich im Laufe der Jahre nicht verändern.

Achtung: Vergessen Sie niemals eine so genannte »Sicherungskopie« auf Diskette zu erstellen. Nur so sind Sie sicher, dass Daten und Bilder auch einen so genannten »Absturz« Ihres Computers unbeschadet überstehen und jederzeit wiederhergestellt werden können. So genannte »Fotoscanner« sind in jedem Computergeschäft zu erwerben – die entsprechenden Anleitungen und Programme vergleichsweise einfach zu lesen und zu erlernen. Die Preise für Scanner sind sehr unterschiedlich, es gibt bereits Geräte ab 100,– €. Beschreiben Sie dem Fachmann auf jeden Fall das Anforderungsprofil und lassen Sie sich gründlich beraten.

Gefundenes Bildmaterial oder Briefe sollten sorgfältig behandelt und entsprechend aufbewahrt werden. Moderne Techniken helfen, sie sachgerecht zu archivieren.

Friedhöfe

So paradox es sich anhören mag – auch Friedhöfe sind für den Familienforscher eine »Quelle der Inspiration«. Ein Gang über den »Gottesacker« einer Stadt, in der die Vorfahren einst zu Hause waren, wird zahlreiche vertraute und bekannte Namen zutage fördern und liefert Ihnen darüber hinaus vielleicht sogar wertvolle Ergänzungen zu den Ihnen bislang schon bekannten Daten. Abgesehen davon verraten Art und Gestaltung des Grabsteins sehr viel über den sozialen Status des/der Verstorbenen, und die Grabpflege mag ein Indiz dafür sein, wie sehr der Tote betrauert wurde oder auch nicht.

Wohnstätten

Ein weiterer wichtiger Faktor auf dem Weg zu einer »lebendigen« Familienforschung sind Häuser, in denen Ihre Ahnen gelebt haben oder zumindest aufgewachsen sind. Diese Häuser in Augenschein zu nehmen, ist dann besonders einfach, wenn sie noch immer von einem Zweig der Familie bewohnt werden. In einem solchen Fall dürfte es auch recht einfach sein, die jetzigen Bewohner dazu zu animieren, Ihnen bei den Nachforschungen unter die Arme zu greifen, womit wir wieder beim Thema »alte Truhen in Kellern und Speichern« wären.

Friedhöfe und alte Wohnstätten Ihrer Vorfahren sind äußerst aufschlussreich im Hinblick auf deren sozialen Status und deren Lebensumstände. Auf diese Weise rundet sich das Bild über einen Menschen Stück für Stück.

Auch auf Friedhöfen können Familienforscher fündig werden. Manchmal sind allerdings Spezialkenntnisse vonnöten. Wer auf einem Jüdischen Friedhof Nachforschungen anstellt, sollte natürlich Hebräisch lesen können.

Wenn jedoch die jeweiligen Objekte von Fremden bewohnt werden, so dürfte sich eine genaue Inspektion wesentlich schwieriger gestalten, wobei dies natürlich in erster Linie von Ihrem diplomatischen Geschick abhängt. Trotzdem: Sofern die Häuser nicht entscheidend verändert, modernisiert oder umgebaut wurden, verschafft Ihnen schon der Blick auf die Fassade einen ungefähren Eindruck von den Lebensumständen Ihrer Ahnen.

Eine wichtige »Fundgrube« stellen in diesem Zusammenhang auch Hausinschriften und so genannte »Hausmarken« dar, die Sie in jedem Fall – sofern Sie dazu die Erlaubnis bekommen – fotografieren sollten. Dort finden sich oft wichtige Hinweise auf den jeweiligen Erbauer, auf das Jahr der Fertigstellung und zuweilen sogar auf den Beruf des ersten Besitzers. Sehr oft ist die Inschrift am Haus auch in ein Wappen eingebunden oder steht neben einem solchen – eine Tatsache, die sich bei Ihren Forschungen zum Thema Heraldik noch als Gewinn erweisen kann.

Inventarliste und Querverweise

Die soeben von mir aufgezählten »greifbaren Quellen« haben in den seltensten Fällen unmittelbaren Einfluss auf den Stand Ihrer Nachforschungen. Zu verstehen sind sie vielmehr als »belebendes Element« – als Motivationshilfe und als Ergänzung ihrer Datensammlung. Im Hinblick auf eine Familienchronik, die Sie vielleicht einmal erstellen wollen, empfiehlt sich in diesem Zusammenhang unbedingt eine Art Inventarliste. Angebracht könnten auch Vermerke auf den Karteikarten oder den entsprechenden PC-Dateien sein, in denen Sie Bezug nehmen auf die fotografischen Dokumente. Dies erleichtert Ihnen den Umgang und die Sichtung entscheidend und macht Ihre Forschungsarbeiten auch für Außenstehende wesentlich lebendiger. Ein Beispiel dafür könnte wie auf der folgenden Seite aussehen.

Foto- und sonstiges Material, auf das Sie im Laufe Ihrer Recherche gestoßen sind, sollte unbedingt an entsprechender Stelle in Ihrer Datensammlung vermerkt werden.

DATEINUMMER: (z. B. II 4 – siehe Seite 42)

NACHNAME(N):

GEBURTSNAME(N):

VORNAME(N):

GEBURTSDATUM:

GEBURTSORT:

TAUFDATUM:

TAUFORT:

NAME DES VATERS:

GEBURTSORT DES VATERS:

NAME DER MUTTER:

GEBURTSORT DER MUTTER:

GESCHWISTER(Namen):

  1. geb. am. / gest. am

  2. geb. am. / gest. am

  3. geb. am. / gest. am

HEIRAT (Name des Ehegatten):

GEHEIRATET am:

GEHEIRATET in:

(sofern notwendig) ZWEITE EHESCHLIESSUNG:

KINDER(Namen):

  1.geb.am/gest.am:

  2.geb.am/gest.am:

  3.geb.am/gest.am:

VERSTORBEN AM:

VERSTORBEN IN:

ANMERKUNGEN: Foto des Geburtshauses in Bad Urach bei-
geheftet (oder eingescannt und abrufbar unter X), Foto des
Grabsteins usw.

**Beispiel für eine Inven-
taranmerkung in Ihrem
Formblatt. Änderungen
hinsichtlich individueller
Erfordernisse sind
natürlich möglich. Nur
sollte bei allen Form-
blättern die einmal
gewählte Systematik
beibehalten werden.**

Der Umgang mit dem Material

An dieser Stelle gehe ich davon aus, dass Sie mittels der genannten Quellen und dank Ihrer Findigkeit, Ausdauer sowie Geduld bereits viel Material gesammelt haben. Wenn Sie sich in etwa an die Vorgaben gehalten haben, die ich Ihnen bisher präsentiert habe, dürften Sie auch keine allzu großen Probleme damit haben, den Überblick zu behalten. Nun jedoch wollen Sie endlich Resultate sehen, wollen sich daran machen, die vorhandenen Daten und Fakten so zu »verpacken«, dass sie einen Sinn ergeben und dass Sie sie gegebenenfalls auch anderen interessierten Mitgliedern Ihrer Familie präsentieren können.

Von Karteikarten zur Stamm- und Familienlinie: Nicht nur die Verwendung von Symbolen, sondern generell die Systematik Ihrer Datenaufbereitung erleichtert Ihnen die Arbeit.

Systematisch vorgehen

Auf den folgenden Seiten werden Ihnen einige Möglichkeiten und Systeme aufgezeigt, nach denen Sie verfahren können. Letztlich bleibt es natürlich Ihrem Geschmack überlassen, für welche Systematik Sie sich entscheiden, wobei es auch darauf ankommt, wie umfangreich Ihre Materialsammlung bisher schon geworden ist.

Unabhängig von der Art der Präsentation sollten Sie sich auf jeden Fall im Vorfeld bereits mit einigen Symbolen vertraut machen, die Ihnen die Arbeit erleichtern.

WICHTIGE SYMBOLE BEI DER ARBEIT

*	= geboren	o|o	= geschieden
^^^	= getauft	o-o	= nichteheliche Verbindung
t	= gestorben	(*)	= nichteheliche Geburt
∞	= verheiratet	o	= verlobt

Die Verwendung dieser Symbole erspart Ihnen Etliches an monotoner Schreibarbeit, wobei vor allem bei älteren genealogischen Urkunden teilweise auch noch andere Symbole gebräuchlich sind. So bedeuten zwei gekreuzte Schwerter beispielsweise »gefallen« und für »verheiratet« steht dort zuweilen noch einfach das Zeichen »x«.

Erarbeitung einer Stammlinie

Die simpelste und zugleich dankbarste Methode für Ihren Einstieg ist sicherlich die Erstellung einer übersichtlichen »Stammlinie«. Für diese benötigen Sie lediglich die Karteikarten, die Sie (hoffentlich) säuberlich angelegt haben. Bei der Erstellung orientieren Sie sich an dem System, das ich Ihnen im Kapitel »Der methodische Grundstock« (siehe Seite 39ff.) vorgegeben habe. Das heißt: Sie selbst, also das vorerst »letzte Glied« in der Familienkette, bekommen die Nummer 1. Ihr Vater (wir orientieren uns an der männlichen Linie, wie es in der Genealogie üblich ist) erhält die Nummer 2, Ihr Großvater (väterlicherseits) die Nummer 4 und der Urgroßvater (väterlicherseits) die Nummer 8. In einem fiktiven Beispiel könnte das wie auf Seite 82 dargestellt aussehen.

Dies wäre schon eine recht ansehnliche Stammlinie, wenngleich hier natürlich noch das »Fleisch« auf dem Gerippe fehlt. Doch so »dürr« das Werk zuerst auch scheinen mag, so perfekt ist es doch, um sich einen gewissen Überblick zu verschaffen. Auf einen Blick können Sie die wichtigsten Daten Ihrer Herkunft ablesen, auch wenn Sie natürlich feststellen, dass diese immer spärlicher werden, je weiter Sie zurückgegangen sind. Bei Urugroßvater Friedrich Müller war es schon nicht mehr möglich, das genaue Hochzeitsdatum oder den exakten Todestag zu ermitteln – eine Generation weiter dürfte

Bei der Erstellung der Stammlinie werden einzig die männlichen Familienmitglieder berücksichtigt, da diese in früheren Zeiten den Namen weitergaben.

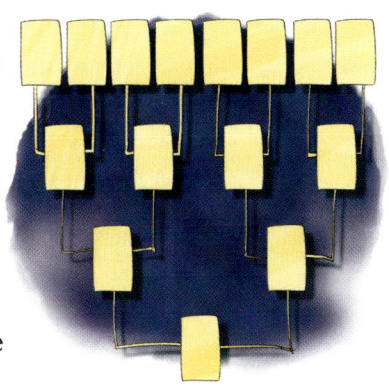

sich die Sachlage sogar noch schwieriger gestalten. Immerhin jedoch bietet die Stammlinie ein recht exaktes Bild vom »Aufstieg« der Familie Müller. Vom einfachen Schriftsetzer zum Rechtsanwalt – der Weg war steinig, scheint sich für die Familie jedoch ausgezahlt zu haben.

Nach der Erstellung der Stammlinie, die als Arbeitsgrundlage dient, folgt nun die Erarbeitung der Familienlinie, in die auch die weiblichen Familienmitglieder Eingang finden.

BEISPIEL FÜR EINE STAMMLINIE

1. Müller, Josef, *29.03.1950 in Kassel; Rechtsanwalt
⚭12.06.1974 in Kassel mit Karin, geb. Pflüger
2. Müller, Karl, *19.09.1928 in Wiesbaden; Notar
⚭24.03.1947 in Kassel mit Gertrud, geb. Lehmann
4. Müller, Ernst-Josef, *02.01.1900 in Frankfurt/Main, Marineleutnant
⚭10.11.1921 in Bremen mit Josefine, geb. von Grewitz
gest: 24.12.1981
8. Müller, Friedrich, *11.05.1871 in Frankfurt/Main, Schriftsetzer
⚭11.02.1895 in Frankfurt mit Katharina, geb. Moebus
gest. 13.04.1915
16. Müller, Friedrich, *30.07.1845 in Karlsruhe, Schriftsetzer
⚭1869 in Karlsruhe mit Theodora, geb. Lodter
gest: 1887

Darstellung einer Familienlinie

Sie müssen zugeben, bei dieser Menge Arbeit, die Sie in die Daten gesteckt haben, dürfte das Werk etwas imposanter aussehen. Verabschieden wir uns also zunächst von der bloßen Stammlinie, die wir im Folgenden nur als Arbeitsgrundlage betrachten, und wenden uns etwas ansehnlicheren Darstellungsformen zu, die zudem den Vorteil bieten, dass sie auch weibliche Mitglieder der Stammlinie angemessen berücksichtigen. Hierzu ein fiktives Beispiel.

BEISPIEL FÜR EINE FAMILIENLINIE

1. Wolf, Patrick; * 10.10.1964 in München
I. Ahnenreihe:
2. Wolf, Henning; *29.09.1940 in Karlsruhe; Journalist
∞ 01.05.1964 in Günzburg mit
3. Fliesbach, Brunhilde; *07.10.1942 in Donauwörth, Ober-
studienrätin
II. Ahnenreihe:
4. Wolf, Arthur; *23.03.1917 in Nürnberg, Landwirt, gest.
13.08.1966 in Nürnberg
∞08.09.1939 in Schwabach mit
5. Gröner, Käthe; *19.05.1919 in Schwabach, Hausfrau
6. Fliesbach, Julius; *01.04.1909 in Neustadt a. d. Wein-
straße, Journalist, gest. 05.12.1982 in Günzburg
∞ 27.11.1933 in Donauwörth mit
7. Lodter, Else; *03.07.1911 in Sonthofen, Erzieherin, gest.
09.04.1994 in Günzburg
III. Ahnenreihe:
8. Wolf, Karl-Friedrich; * 01.02.1890 in Nürnberg, Landwirt,
gest. 24.01.1962 in Nürnberg
∞ 1916 in Nürnberg mit
9. Schramm, Josefine; *02.10. 1893 in Fürth, Hausfrau, gest.
19.10.1971 in Nürnberg
10. Gröner, Egon; *08.04.1888 in Schwabach, Kaufmann,
gest. 17.05.1919 in Erlangen
∞ 19.11.1918 in Schwabach mit
11. Pfahlhuber, Siegrid; *03.12.1890 in Schwabach, Magd,
gest. 1952 in Schwabach
12. Fliesbach, Friedrich; *12.05.1879 in Mainz, Berufsoffizier,
gest. 16.08.1917 im Elsass
∞ 28.07.1907 in Mainz mit
13. Herzl, Maria; *1881 in Koblenz, Hausfrau, gest. 1929
14. Lodter, Wilhelm; *14.09.1879 in Kaufbeuren, Vorsitzender Richter, gest. 02.10.1945 in Sonthofen

**Links sehen Sie eine
fiktive Familienlinie, in
der drei Generationen
dargestellt sind.**

Mit dieser schon wesentlich beeindruckenderen Darstellung ist die Familienlinie einigermaßen lückenlos bis hin zu den Urgroßeltern dokumentiert. Diese Reihe ließe sich nun natürlich beliebig lange fortsetzen – das Schreiben einer »fiktiven« Stammlinie ist schließlich eine der leichtesten Übungen für einen Genealogen. Beim aufmerksamen Durchlesen werden Sie jedoch feststellen, dass ich mich um Realitätsnähe bemüht habe. So fehlen beispielsweise bei der Generation der Urgroßeltern bereits etliche genaue Heiratsdaten – spätestens in der nächsten Ahnenreihe wird es noch wesentlich schwieriger, auch nur alle Jahreszahlen zu »besetzen«. Lassen Sie sich von solchen kleinen Hindernissen jedoch keinesfalls beirren. Je weiter Sie in die Materie eindringen, je mehr »Stoff« und Informationen Sie sammeln, desto wahrscheinlicher wird es, dass Sie einzelne Lücken in dieser Aufzeichnung peu à peu und beinahe »zufällig« schließen können.

Stellen Sie sich die Familienforschung an dieser Stelle einfach wie ein gigantisches Puzzle vor: Wenn einmal ein Stückchen fehlt, so ist dies noch lange kein Grund, einfach zu resignieren. Je mehr Stücke Sie zusammenbekommen, desto größer wird die Wahrscheinlichkeit, dass die »fehlenden Teile« sich einfinden.

Im Laufe der fortschreitenden Arbeit fügen sich lamgsam aber sicher viele kleine Details zu einem immer größer werdenden Bild der eigenen familiären Vergangenheit zusammen.

Analyse der Daten

Und damit nun zu einer kleinen Analyse der vorliegenden fiktiven Stammlinie. Welche Erkenntnisse können wir gewinnen, welche Schlüsse sind zu ziehen?

Nun, zunächst mal sticht ins Auge, dass die Familie über recht weit verstreute Wurzeln verfügt. Eine Linie stammt aus dem fränkischen Bereich um Nürnberg (Schwabach, Nürnberg, Erlangen), ein anderer Teil war offensichtlich im Allgäu beheimatet (Sonthofen, Kaufbeuren). Aber auch nach Rheinland-Pfalz lässt sich ein Strang der Ahnenlinie zurückverfolgen (Mainz, Koblenz). Allein diese Fakten geben Ihnen nun eine ausreichende Basis, um in den betreffenden Regionen weiterzuforschen.

Auffällig sind weiterhin die teilweise deutlichen Standesunterschiede, die heutzutage keine gravierende Rolle mehr spielen, zur Zeit der Urgroßeltern jedoch wichtige Rückschlüsse auf ihre Einstellung zur Gesellschaft bzw. auf deren Einstellung zu den Urgroßeltern zulassen. So hat »Urgroßvater« Egon Gröner, ein möglicherweise alteingesessener, angesehener Bürger im fränkischen Schwabach eine einfache Magd geheiratet. Angesichts der relativ schnell darauf folgenden Geburt von Tochter Käthe könnte dies sehr wohl eine so genannte »Mussehe« gewesen sein.

Wenn man die einzelnen Daten der Familienlinie genauer betrachtet, ergeben sich durchaus interessante Fragestellungen und mögliche Ansatzpunkte für die weitere Recherche.

Spurensuche und Spekulationen

In unserer fiktiven Familie, deren Linie unter anderem auch zwei Weltkriege einschließt, sind auffällig wenige Männer im Krieg ums Leben gekommen. Lediglich beim Berufsoffizier Friedrich Fliesbach besteht kein Zweifel, dass er im Zuge kriegerischer Auseinandersetzungen gestorben ist. In seinem Fall könnte eine tiefergehende Recherche historisch interessante Fakten ans Tageslicht befördern. Hat er Briefe von der Front geschrieben? War er sich der Gräuel des Krieges bewusst? Welche Rolle spielte er seit Kriegsbeginn? Die Suche nach derlei Einzelheiten kann zwar mühsam sein und vielleicht bleibt sie auch vollständig erfolglos, doch zuweilen lohnt sich der Aufwand durchaus. Denken Sie in diesem Zusammenhang immer wieder an die »kleinen Zigarrenkistchen« in Speichern und Kellern – ob nun Rangabzeichen, Orden, Wehrpässe oder Briefe: Kaum eine Witwe, kaum eine Tochter oder ein Sohn würde diese Dinge einfach wegwerfen.

Recht spannend könnte auch der »Sprung« innerhalb der Familiengeschichte der Wolfs sein. Karl-Friedrich, der

Viele offene Fragen, die
sich dem Hobbygenea-
logen stellen, lassen sich
vielleicht im Zuge von
Nachforschungen
klären, doch
ermöglichen diese
letztlich nur eine vage
Annäherung an die
Verstorbenen
und deren Leben.

Urgroßvater, war Landwirt in Nürnberg und hatte seinen Hof offensichtlich an den Sohn Arthur vererbt. Warum nun Henning Wolf so weit von der Tradition abwich, bietet Stoff für ein ausführliches Generationengespräch: Konnte oder wollte Henning den väterlichen Betrieb nicht übernehmen? Warum wurde er in Karlsruhe geboren und nicht im traditionellen familiären Umfeld bei Nürnberg? Welche Auswirkungen hatte der Krieg auf den Bauernhof der Vorfahren? Und schließlich und endlich lohnt sich sicherlich auch eine intensivere Beschäftigung mit Wilhelm Lodter, dem Urgroßvater aus Kaufbeuren. »Vorsitzender Richter« steht hinter seinem Namen – welches Gericht, welches Rechtsverständnis verbirgt sich dahinter? Warum starb er so kurz nach dem Ende des Zweiten Weltkriegs in den »besten Jahren«? Wie kam es, dass er eine »Adelige« heiraten konnte? Sie merken schon – allein die Beschäftigung mit den »offenen Fragen« aus drei bis vier Generationen kann Sie tage-, wochen- und monatelang beschäftigen. Was Sie dabei jedoch ganz schnell vergessen sollten, ist die Hoffnung auf »endgültige Antworten«, denn sie werden bestenfalls immer nur die Sicht der Lebenden erfahren und von den Verstorbenen wohl im Regelfall nur selten einen umfassenden Eindruck erhalten.

Schwarze Schafe nicht ignorieren

Auch dürfen Sie sich nicht vor »schwarzen Schafen« fürchten. Was ich damit meine? Nun, so ziemlich jede Familie hat im Laufe der Generationen den einen oder anderen »Außenseiter« aufzuweisen – Menschen, die es vielleicht mit dem Gesetz nicht ganz so genau nahmen, Diebe, Taugenichtse oder sogar Schwerkriminelle. Statt diese »Unerwünschten« nun schamhaft zu ignorieren – eine zwar menschliche, aber gänzlich unnötige Regung –, sollten Sie sich lieber besonders intensiv gerade mit diesen Vorfahren beschäftigen. Wer weiß, vielleicht entdecken Sie aus der Distanz und ausgestattet mit dem Wissen um die moderne Strafgerichtsbarkeit, um Motivationen und Motive, Verhaltensstörungen und frühkindliche Prägungen ganz neue Ansatzpunkte bei der Beurteilung dieser »unliebsamen« Elemente in der eigenen Vergangenheit. Doch egal, was bei Ihren Forschungen letztlich herauskommt, egal, welche Eindrücke Sie gewinnen: Es wird nie einen wirklich wichtigen Grund geben, sich für die gesamte Vergangenheit Ihrer Herkunft zu schämen.

Wenn Sie einige Generationen zurückgegangen sind, werden Sie irgendwann feststellen, dass die Stammliste ein wenig unübersichtlich geworden ist. Sie müssen ständig blättern, um die korrekte Linie und deren Ursprung verfolgen zu können. Wie viel einfacher wäre es doch, wenn Sie einen vier- bis fünf Generationen umfassenden Überblick auf einem einzigen Blatt hätten. Auch das ist machbar.

Nahezu keine Familie ohne ein schwarzes Schaf – doch aus der historischen Distanz heraus kann vieles in neuem Licht erscheinen und verliert dann vielleicht an Gewicht.

Die Stammtafel – der Stammbaum

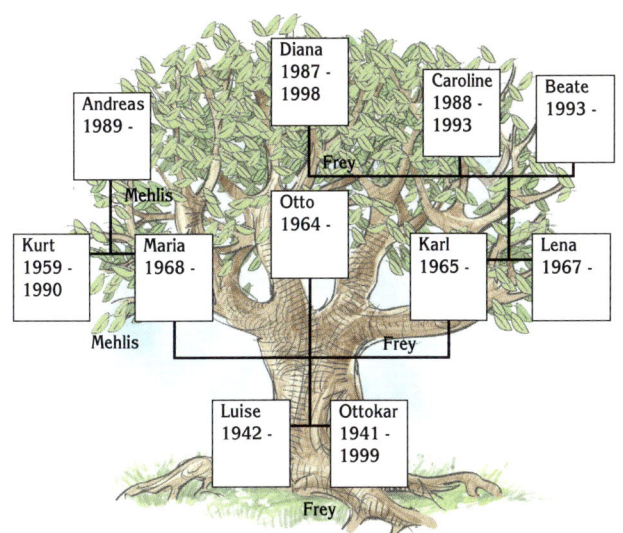

Eine einfache Stammtafel könnte so aussehen. Durch die Gestaltung wirkt sie natürlich wesentlich attraktiver, etwa in Form eines Stammbaums.

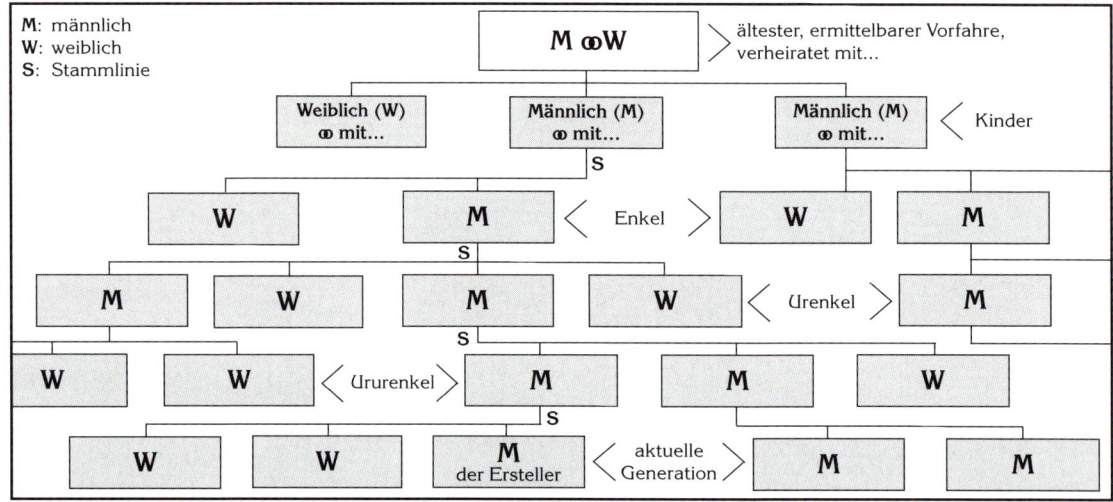

M: männlich
W: weiblich
S: Stammlinie

M ∞ W — ältester, ermittelbarer Vorfahre, verheiratet mit…

Weiblich (W) ∞ mit…   Männlich (M) ∞ mit…   Männlich (M) ∞ mit… — Kinder

S

W   M — Enkel — W   M

S

M   W   M   W — Urenkel — M

S

W   W — Ururenkel — M   M   W

S

W   W   M der Ersteller — aktuelle Generation — M   M

Bei einer Ahnentafel handelt es sich um eine genealogische Tafel mit den Ahnen einer Person (des Erstellers oder des Probanden) in aufsteigender Linie. Die hier gezeigte Ahnentafel ist nach dem männlichen Prinzip (männliche Abstammungslinie) ausgerichtet.

Die Ahnentafel

Bei der soeben vorgestellten Stammtafel wird Ihnen sicher nicht entgangen sein, dass Sie wesentlich umfangreicher und damit natürlich auch komplizierter zu überblicken ist als unsere bisherigen Beispiele. Dies liegt schlicht und ergreifend daran, dass darauf auch alle Geschwister der verschiedenen Linien verzeichnet sind. Allerdings werden deren Kinder nicht explizit »verfolgt«, sondern der Verfasser der Tafel bleibt stets seiner Linie »treu« – einer Linie, die vom »vorläufig Ersten« in der Ahnentafel bis hin zur eigenen Person führt.

Diese Vorgehensweise ist natürlich wesentlich komplizierter als alle bislang genannten. Dies liegt in erster Linie daran, dass in der Vergangenheit kinderreiche Familien eher die Regel als die Ausnahme waren und es somit natürlich einen »Batzen« an Mehrarbeit macht, die jeweiligen Geschwister mitaufzunehmen. Der Sinn der Angelegenheit liegt jedoch auf der Hand: Es wird nicht nur die direkte Linie gezeigt, sondern buchstäblich alle bekannten Träger des Familiennamens. Dass solche »Stammlisten« heutzutage nicht eben einfach zu erstellen sind, liegt auf der Hand: Die heute typische »Ein- bis Zweikinderfamilie« war noch vor 100 Jahren die eher rare Ausnahme – drei, vier oder gar fünf Kinder waren üblich.

Die Stammliste

Wenn Sie sich eine derart gestaltete Stammliste anlegen wollen, die die gerade präsentierte »Stammtafel« übersichtlicher macht, dann müssen Sie sich in der Art der Nummerierung umstellen.

Wie Sie schon auf der Stammtafel ersehen konnten, erhalten nicht Sie als Ersteller der Liste und vorläufig letztes Glied der Kette die Nummer 1, sondern der so genannte Stammvater – derjenige, den Sie als Begründer der Sippe ausgemacht haben oder zumindest derjenige, bei dem Ihre Forschungen endgültig zum Erliegen kamen.

Im Falle unseres vormaligen Beispiels der Familie »Wolf« könnte die Liste also folgendermaßen beginnen.

Je nachdem, wie weit Sie bei Ihren Recherchen in die Vergangenheit vorgestoßen sind, beginnt Ihre Stammliste beim Ur-, beim Urur- oder beim Urururgroßvater, mit Glück sogar weiter zurückliegend.

BEISPIEL EINER STAMMLISTE (URGROSSVATER)

I.
Wolf, Karl-Friedrich, *1890, Landwirt
∞ mit Josefine, geb. Schramm;
Kinder:
1. Wolf Arthur, *1917, Landwirt (siehe IIa)
2. Wolf, Theresa *1918, Hausfrau
∞ mit Josef Karl
gest. 3. Mai 1971
Wolf, Christian *1920
∞ mit Gerda, geb. Hufleitner
gest. 19. März 1982

Zugegeben, die Stammliste mit besagtem Karl-Friedrich Wolf im Jahre 1890 beginnen zu lassen, ist natürlich ein wenig unbefriedigend. Ich gehe durchaus davon aus, dass Sie mit Ihren Forschungen wesentlich weiter in die Vergangenheit zurückreichen, doch als Beispiel mag es an dieser Stelle genügen. Wie geht es nun weiter? Nun, natürlich mit der nächsten Generation, und dort treffen wir jetzt unseren Arthur Wolf, der schon unter der römischen Ziffer I mit einem Querverweis erwähnt wurde.

Wenn Sie nach dem vorgestellten Prinzip vorgehen, dann haben Sie tatsächlich einen relativ umfangreichen Überblick über alle Ihnen bekannten Träger des Familiennamens. Allerdings hat diese Stammliste auch den Nachteil, dass sie bei einem größeren Umfang nur noch mit viel Übung auf Anhieb verständlich ist.

> **Verzichten Sie zugunsten dieser Stammliste niemals auf Ihre Kartei mit den Personenstammblättern. Sie werden sie zur Überprüfung und Ergänzung verschiedener Daten immer wieder benötigen.**

BEISPIEL EINER STAMMLISTE (GROSSVATER)

IIa
Wolf Arthur, *23. März 1917, Landwirt
∞ mit Käthe, geb. Gröner
gest. 13. August 1966
Kinder:
1. Wolf, Patrick (siehe IIIa)
2. Wolf, Ulrike, *10. November 1939, Nonne
3. Wolf, Gregor, *21. Dezember 1940,
∞ mit Christa, geb. Schlumberger

Das männliche Prinzip reicht nicht

Ein kleiner Einwurf an dieser Stelle: Erst neulich hörte ich von einer Kollegin, dass sie die Genealogie sehr faszinierend finde, dass sie allerdings das rein »männliche Prinzip« der Zurückverfolgung nicht nachvollziehen könne. »Waren

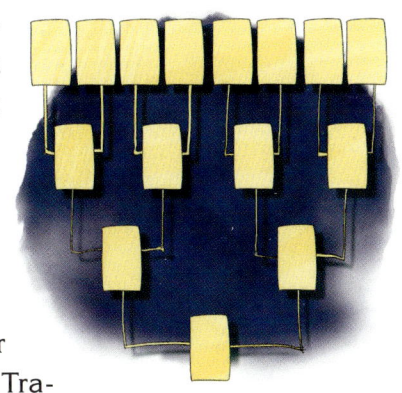

denn die Mütter und Großmütter weniger wert?« lautete ihre durchaus berechtigte Frage. Nun, die Antwort
ist ebenso schlicht wie einleuchtend. Weil es sich erst
in den letzten Jahren durchgesetzt hat, dass auch
Frauen ihren Familiennamen behalten dürfen, war
bislang die Suche nach den »männlichen« Namens-
trägern einfacher, denn diese gaben ihren Familiennamen trotz Heirat an die nächste Generation weiter.
Doch können sich – im Kontext fortschreitender
Emanzipation – zukünftige Familienforscher auf diese Tradition nicht mehr verlassen. Deshalb will ich an dieser Stelle auch eine Lanze für die Führung der »weiblichen Linien«
brechen – für den so genannten »Mutterstamm«. In diesem
Fall sähe dann die Nummerierung bei der vormals ange-
sprochenen Familie Wolf folgendermaßen aus.

BEISPIEL FÜR EINEN MUTTERSTAMM

1. Wolf, Patrick
3. Fliesbach, Brunhilde
7. Lodter, Else
15. von Weigand, Sophia
31.
63.
usw.

Das Prinzip zur Erstellung einer Stammlinie bleibt also
weitgehend unverändert. Der einzige Unterschied: Der
Mutterstamm ist hier das »weibliche Gegenstück« zur
»männlichen Stammlinie«. Die Stammlinie der Familie Wolf
wird in diesem Fall sozusagen aus einer anderen Perspek-
tive beleuchtet.

**Auch die weibliche Linie
kann als Ausgangspunkt
Ihrer Arbeit dienen. Das
war jedoch früher nicht
üblich, da der Name
allein vom Mann weiter-
gegeben wurde. Das hat
sich in unseren Tagen
insofern geändert, als
Frauen ihren Familien-
namen behalten dürfen.**

Nachkommenforschung

Zum Ende dieses Kapitels möchte ich Ihnen noch eine interessante Variante der Familienforschung vorstellen. Nehmen wir doch einmal an, Sie seien bei Ihren Forschungen auf einen wirklich berühmten Vorfahren gestoßen – Goethe, Schiller oder Friedrich der Große. In diesen Fällen können Sie zum einen davon ausgehen, dass Sie bei der Suche nach weiteren Vorfahren vergleichsweise leichtes Spiel haben, denn zumindest die Eltern und Großeltern derart prominenter Personen der Zeitgeschichte sind bestimmt sattsam dokumentiert. Zum anderen können Sie es sich jedoch auch zur Aufgabe machen, nach den weiteren Nachkommen des Prominenten zu fahnden. Sie gehen also von »Stammvater Friedrich II.« (ein Idealbeispiel – zugegeben) aus und verfolgen dessen Nachkommen bis zum heutigen Tag. Diese Variante der Genealogie nennt sich übrigens passenderweise »Nachkommenforschung«.

Sollte sich eventuell unter Ihren Vorfahren eine berühmte Persönlichkeit befinden, so ist es auch interessant, nach weiteren noch lebenden Nachkommen zu suchen, die vielleicht bisher von ihrer Abstammung noch keine Ahnung hatten.

Festzustellen, dass man in direkter Linie von einer berühmten Person abstammt, ist sicher der Traum eines jeden Familienforschers. Wer weiß, vielleicht haben Sie Ihr poetisches Talent ja von Goethe?

Was tun, wenn's nicht weitergeht?

Manche nennen es den »toten Punkt«, andere bezeichnen es als das »schwarze Loch«: Irgendwann stößt jeder Familienforscher an einen Punkt, an dem es einfach nicht mehr weiterzugehen scheint. Je weiter Sie bei Ihren Nachforschungen bereits in die Vergangenheit vorgedrungen sind, desto größer wird die Wahrscheinlichkeit, dass Sie keine Daten und Namen mehr finden; nicht in den kirchlichen oder standesamtlichen Unterlagen, nicht in den Adressbüchern, den Melderegistern oder den Archiven.

Das schwarze Loch

Ich will Ihnen an dieser Stelle keine Illusionen machen: Es gibt Linien, die lassen sich nicht einmal mehr von Profis weiter zurückverfolgen und zumeist ist im ausgehenden Spätmittelalter ohnehin Schluss. Nur so genannte »Herrschaftshäuser« können sich in der Regel auf weiter zurückliegende Wurzeln berufen. Dazu ist allerdings zum einen ausdrücklich zu vermerken, dass es in Adelskreisen schon wesentlich früher üblich war, sich mit Herkunfts- und Abstammungsfragen zu beschäftigen, und zum anderen, dass man beileibe nicht jeder beeindruckenden Ahnenliste und Stammtafel unbedingten Glauben schenken darf.

Schließlich war es in der Vergangenheit das eine oder andere Mal durchaus üblich, die eigene Linie mit einigen klangvollen Namen etwas »aufzupeppen«, und es mutet heute zuweilen beinahe rührend an, wie viele verschiedene Familien Karl den Großen oder Friedrich II. als direkten Vorfahren präsentieren wollen. Würde man hochrechnen, käme man wahrscheinlich zum Schluss, dass diese beiden prominenten Herrscher offensichtlich jeweils rund 50 Söhne gezeugt haben müssten.

Spätestens im Spätmittelalter – sofern Sie nicht blaues Blut in Ihren Adern haben – dürfte Ihre Suche nach Ihren Vorfahren schwer ins Stocken geraten. Doch auch dann gibt es noch Möglichkeiten.

93

Sich nicht entmutigen lassen, wenn's mal nicht weitergeht, ist leichter gesagt als getan. Manchmal reicht aber schon eine kleine Pause und etwas Abstand, damit sich neue Wege eröffnen.

Vielerlei Gründe lassen die Nachforschungen ins Stocken geraten: Nachlässigkeit des damaligen Schreibers, verbrannte Kirchenbücher, ins Ausland reichende Quellen oder die Unehelichkeit eines Familienmitglieds.

Ich möchte Ihnen auf den folgenden Seiten noch einige echte »Insidertipps« präsentieren, die Ihnen neue Chancen und Möglichkeiten der Forschung eröffnen.

Ursache für das »schwarze Loch«

Zum »schwarzen Loch« kann es aus verschiedenen Gründen kommen. Vielleicht wissen Sie zwar bei einem Ihrer Vorfahren in der fünften oder sechsten Generation noch, wo er lebte und starb, doch über seine Herkunft ist nichts mehr herauszubekommen. Weder Taufschein noch Geburtsurkunde sind auffindbar, und damit besteht natürlich kaum noch die Chance, seinen direkten Vorfahren – den Nächsten in der Linie – zu ermitteln.

Besonders ärgerlich ist dies, wenn sich andere Linien noch weit länger zurückverfolgen lassen und ausgerechnet die, auf die es Ihnen ankommt, reißt schon relativ früh ab. Vielleicht sind die Kirchenbücher vernichtet, vielleicht sind Unterlagen irgendwo im Ausland oder aus anderen Gründen nicht zugänglich und vielleicht hat in der Vergangenheit irgendein Chronist schlicht geschlampt – einen Namen falsch geschrieben oder eine Urkunde einfach nicht ausgestellt. Natürlich wäre es auch möglich, dass dieser Vorfahre ein uneheliches Kind war, dass so die Stammlinie – zumindest was den Familiennamen betrifft – unterbrochen wurde und die Hinweise auf die väterliche Linie absichtlich unterblieben sind. Solche und ähnliche Fälle könnten den einen oder anderen durchaus entmutigen.

Archivarische Fundgruben

Verweilen wir in diesem Zusammenhang doch ein bisschen beim Thema Archive. Sie werden im Anhang des Buches eine umfangreiche Liste mit bekannten und wichtigen Archiven in Deutschland und Europa finden, doch darüber hinaus lohnt sich zuweilen auch die Suche nach weniger bekannten Einrichtungen, die häufig »im Verborgenen blühen« und die Sie kennen sollten.

Untertanenlisten

Zuerst wären so genannte »Privat- oder Hausarchive« zu nennen, die meist im Besitz einzelner, adliger Familien sind. Ein gutes Beispiel sind die Wittelsbacher, aber auch das Haus Thurn und Taxis hat sich in der Vergangenheit schon des Öfteren sehr kooperativ gezeigt. In derartigen Archiven, die stets nur auf ausdrückliche Anfrage und zumeist unter Aufsicht einzusehen sind, finden sich zuweilen so genannte »Untertanenlisten«. Vor allem in ländlichen Regionen ließen verschiedene Landesherren von Zeit zu Zeit Listen erstellen, in denen die Untertanen nicht nur nach der reinen Zahl und den Namen erfasst wurden, sondern zudem häufig auch notiert wurde, welchem Gewerbe der Haushaltsvorstand nachging, in welchem Maße er Abgaben an seinen Lehensherrn zu leisten im Stande war und wie viele Kinder er hatte.

Eine Möglichkeit, bei der Suche doch noch fündig zu werden, bieten die Privatarchive von Adelshäusern mit ihren Untertanenlisten. In diesen wurden früher unterschiedlichste Daten der Untertanen festgehalten.

Aus derartigen »Untertanenlisten« lässt sich folglich eine Fülle an Details herausziehen, und sie können insofern eine große Hilfe sein, da sie im Regelfall schon vor den Kirchenbüchern angelegt wurden und zuweilen sogar eine Grundlage für deren Erstellung bildeten.

Gerichtsprotokolle

Für das bereits mehrfach angesprochene »Fleisch« auf der Ahnentafel könnten auch Gerichtsprotokolle sorgen. Besonders aufschlussreich sind Protokolle von Erbrechtsprozessen, da in ihnen zumeist sehr detailliert auf die Namen, Daten und Hintergründe der streitenden Parteien eingegangen wurde. Doch auch Strafgerichtsakten sind im Einzelfall höchst lesenswert, werfen sie möglicherweise doch ein Schlaglicht auf Charakter und Lebensumstände Ihrer Vorfahren und deren Umgebung.

Darüber hinaus werden in Gerichtsprotokollen meistens auch zahlreiche Zeugen aufgeführt, sodass Sie nicht immer nur hoffen müssen, ausgerechnet beim Angeklagten oder Verurteilten »fündig zu werden«: Auch die Zeugen nämlich wurden mit vollem Namen, Beruf, Wohnort und elterlicher Herkunft aufgeführt, sodass sich damit so manche Karteikarte mühelos füllen lässt.

Auch Gerichtsprotokolle – z. B. über Erbrechtsstreitigkeiten – und Steuerlisten – oft mit sehr genauen Angaben über die Lebensumstände des Steuerpflichtigen – aus früheren Jahrhunderten können sehr aufschlussreich sein.

Steuerlisten

Ähnliches lässt sich von den »Steuerlisten« sagen. Auch diese wurden von städtischen oder ländlichen Beamten geführt und hatten im Prinzip denselben Nutzwert wie die eben bereits angeführten »Untertanenlisten«: Die Obrigkeit legte Wert darauf zu erfahren, wie »solvent« der Einzelne war, und nicht selten finden sich in derartigen Steuerlisten erstaunlich detaillierte Angaben über die Vermögens- und Besitzverhältnisse, über den ausgeübten Beruf des Betreffenden und zuweilen sogar über seinen Familienstand.

Ein gutes Beispiel dafür ist einer meiner Vorfahren, dem ich anhand einer derartigen Steuerliste auf die Spur kam. Dort war nicht nur vermerkt, dass er zweimal innerhalb von fünf Jahren als »säumiger Steuerschuldner« aufgefallen war, sondern auch warum. Ein Brand hatte seine Gerberei vernichtet, der Aufbau einer neuen bescherte ihm eine drückende Schuldenlast. Auch für die Steuerlisten gilt: Sie reichen zuweilen bis weit in die Zeit vor den ersten Kirchenbüchern: Die ältesten bekannten Steuerlisten sind aus dem 15. Jahrhundert datiert.

Universitätsmatrikel

Für einen kleineren Kreis der Familienforscher könnten auch Universitätsmatrikeln einen gewissen Nachforschungswert besitzen. Dabei handelt es sich um »Immatrikulationsbescheinigungen« der Hochschulen, die außer dem Namen des jeweiligen Studenten zumeist auch den Namen und den Stand des Vaters, den Herkunftsort sowie die Dauer des Studiums beinhalten. Darüber hinaus gibt es einzelne Universitäten, die auch über den Lehrkörper Buch führten sowie über das gesamte Dienstpersonal.

Alte Belege über die Einschreibung in einer Universität können ebenfalls wichtige Informationen für Familienforscher enthalten, denn nicht nur der Name des Studierenden, sondern auch seine Herkunft wurden damals detailliert festgehalten.

Jede Universität verfügt über ein internes Archiv, in dem Immatrikulationen und Personalstand dokumentiert werden, so auch die Humboldt-Universität in Berlin.

Bürgerbücher

Eine echte Fundgrube für den Genealogen sind auch die so genannten »Bürgerbücher«. Wie Sie vielleicht wissen, teilte sich die Bevölkerung einer deutschen Stadt noch bis ins 19. Jahrhundert hinein in zwei Gruppen: die Einwohner (lat. incolae) und die Bürger (lat. cives). Bürger konnte dabei beleibe nicht jeder sein oder werden, denn die Bürgerrechte mussten verdient werden.

Automatisch als Bürger galten natürlich die Mitglieder der verschiedenen Handwerkszünfte, die Schreiber und die besser gestellten Persönlichkeiten einer Kommune. Nur sie hatten das Recht, Verwaltungspositionen zu bekleiden, konnten Grund und Boden erwerben und verkaufen sowie ein Gewerbe ausüben. Zumeist erhielten auch die Söhne der Bürger diese Rechte übertragen. Ausnahmen von dieser Regel gab es allerdings durchaus.

Dem gewöhnlichen Einwohner war es jedoch keinesfalls auf Dauer unmöglich, zum Bürger aufzusteigen. Unter bestimmten Bedingungen (bei Erlangung eines gewissen Wohlstandes oder bei der Aushändigung des Meisterbriefs beispielsweise) konnte er sich durchaus als Bürger registrieren lassen, sodass sich im Laufe der Jahrhunderte das Verhältnis Einwohner–Bürger immer mehr zugunsten der Letztgenannten verschob und die Unterscheidung schließlich ganz und gar überflüssig wurde.

Finden sich Einträge zu einem Familienmitglied in einem so genannten Bürgerbuch, so kann davon ausgegangen werden, dass derjenige zur bessergestellten Gesellschaft dieser Gemeinde gehörte.

Städtische Urkunden

Bis dahin jedoch wurden die »Bürger der Stadt« in den städtischen Urkunden explizit vermerkt und aufgeführt. Zuweilen geschah dies in einem offiziellen »Bürgerbuch«, manchmal aber auch in einer Art »losen Dokumentrollensammlung«, die der Stadtschreiber zu führen und auf dem jeweils neuesten Stand zu halten hatte. Aus diesen Urkunden war nicht nur der Name des Betreffenden abzulesen, sondern auch seine Herkunft, sein Stand, sein Gewerbe, die Anzahl der Kinder, seine Eheschließung und natürlich seine eventuellen Ämter und Posten, die er im Zuge seiner bürgerlichen Rechte und Pflichten ausübte oder zu bekleiden hatte.

Wo findet sich was?

Damit habe ich Ihnen nun einige neue Möglichkeiten an die Hand gegeben, möchte es aber natürlich nicht versäumen, Ihnen zu erklären, wo Sie derartige Unterlagen möglicherweise aufstöbern könnten. Die so genannten »Untertanenlisten«, die vornehmlich für die Forschungen in ländlich strukturierten Regionen von Interesse sind, befinden sich – wie bereits erwähnt – zumeist in Privatbesitz. Es ist in diesem Fall besonders wichtig, dass Sie mit Bedacht und Sorgfalt an die Angelegenheit herangehen. Versuchen Sie vom jeweiligen Adelshaus die Adresse zu ermitteln, schreiben Sie sehr höflich und richten Sie Ihre Anfrage möglichst an das »Sekretariat« des Hauses. Bitten Sie, die Unterlagen persönlich einsehen zu dürfen, denn da Sie in einem Stadium Ihrer Suche angelangt sind, in dem Sie auf »Zufallstreffer« angewiesen sind, wird Ihnen mit Fotokopien nicht mehr gedient sein.

> **Untertanenlisten, die sich in Privatarchiven von Adelshäusern finden, können nur vor Ort eingesehen werden. Eine Recherchereise wird Ihnen nicht erspart bleiben.**

PRAXISTIPP

Sollte kein infrage kommendes Adelshaus ein entsprechendes Archiv aufweisen, wenden Sie sich an die jeweilige Bezirks- oder Landesregierung, z. B. die Regierung des Regierungsbezirks Schwaben, Augsburg oder Regierung des Freistaates Bayern, Abteilung Öffentlichkeitsarbeit, München. Dort kann man Ihnen im Regelfall zumindest sagen, wo die entsprechenden Dokumente verwahrt werden und unter welchen Prämissen sie eingesehen werden können.

Sollten Sie zu einem Besuch des betreffenden Archivs eingeladen werden, bereiten Sie sich gründlich vor und versuchen Sie, die Zeit des jeweiligen Verantwortlichen so wenig wie möglich in Anspruch zu nehmen. Vor etlichen Jahren nämlich – als die Genealogie sich urplötzlich wachsender Beliebtheit erfreute – wurden manche Fürstenhäuser von Familienforschern geradezu überrannt. Darunter befanden sich offensichtlich auch zahlreiche »schwarze Schafe«, die wichtige und unersetzbare Dokumente kurzerhand einsteckten. Seitdem ist innerhalb mancher Adelshäuser naturgemäß die Bereitschaft zur Zusammenarbeit gesunken. Ein vernünftig vorgetragenes Anliegen wird jedoch nach wie vor zumeist positiv beschieden.

Alte Gerichtsprotokolle und Steuerlisten lagern zumeist in den Archiven der jeweiligen Städte, während die Archive der Hochschulen vornehmlich Universitätsmatrikel aufbewahren.

Städtische Archive

Steuerlisten und Gerichtsprotokolle sind (wenn noch vorhanden) meistens in den städtischen Archiven zu finden, wobei Sie bei der Anfrage in etwa so vorgehen sollten wie bei den standesamtlichen Forschungen. Dies gilt natürlich auch für die Bürgerbücher, die zumeist ebenfalls noch in städtischem Besitz sind. Sollte dies nicht der Fall sein, hilft meist eine Anfrage an das Archiv des jeweiligen Regierungsbezirks oder der Landesregierung.

Archive der Hochschulen

Universitätsmatrikel finden sich naturgemäß meist in den Archiven der Hochschulen selbst und sind in der Regel recht einfach zugänglich. Die Archivare der Hochschulen sind zumeist angehalten, Anfragen nach archivarischen Forschungen positiv zu bescheiden. In der Regel reicht eine Anfrage an das Sekretariat der jeweiligen Universität. Sobald Sie an dem Punkt angelangt sind, an dem Sie sich mit diesen Quellen befassen müssen, sollten Sie sich vorab schon über einige Voraussetzungen im Klaren sein. Sie sind in diesem Stadium nicht nur auf Ihre Findigkeit angewiesen, sondern benötigen auch eine gewisse Portion Glück.

Ein Beispiel: Sie haben einen lange gesuchten Vorfahren mitsamt seiner Berufsbezeichnung im Kirchenbuch gefunden, können dort aber weder sein Geburtsdatum noch seinen Herkunftsort oder gar etwas über seine Eltern entdeckten. In diesem Fall führt Sie der nächste Gang zu den Bürgerbüchern der jeweiligen Kommune. Werden Sie dort nicht fündig, weil ein solches Buch nicht mehr existiert oder auch nie angelegt wurde, ist der nächste Schritt, sich mit dem jeweiligen Landesarchiv in Verbindung zu setzen und sich dort zu erkundigen, inwieweit Steuerlisten, Gerichtsprotokolle oder Untertanenlisten vorhanden sind, die für Ihre Anfrage von Interesse sein können.

Frühzeitig und genau planen

Dabei empfiehlt es sich natürlich, den zeitlichen Rahmen Ihrer Nachforschungen so exakt wie möglich einzugrenzen. Die Anfrage: »Sind bei Ihnen alte Steuerlisten des Dorfes XY einsehbar?« mag zwar zu einem vordergründig positiven Bescheid führen, mündet aber bisweilen in bitterer Enttäuschung, wenn Sie die Reise unternommen haben und dann feststellen, dass ausgerechnet diejenigen Jahre und Jahrzehnte, auf die Sie gehofft hatten, nicht archiviert wurden. Es ist also dringend anzuraten, die Anfrage möglichst präzise zu fassen, damit Sie eine ebenso präzise Auskunft von dem jeweiligen Archiv oder Amt erhalten. Das spart Zeit und Geld und hilft, unnötige Wege zu vermeiden. Außerdem sollten Sie Ihre Anfrage natürlich dahingehend erweitern, ob es seitens des betreffenden Archivs vielleicht einen Hinweis gibt, ob und wo weitere Nachforschungschancen bestehen. Im Folgenden möchte ich Ihnen ein Briefbeispiel für eine derartige Anfrage an die Hand geben.

Zuerst sollte man seine Recherche auf die Bürgerbücher der jeweiligen Stadt richten. Wird man dort nicht fündig, kann vielleicht das Landesarchiv in puncto Steuerlisten, Gerichtsprotokolle und Untertanenlisten weiterhelfen.

Landesarchiv Berlin
Kalckreuthstraße 1
10777 Berlin

Formulieren Sie Ihr Anliegen so präzise wie möglich, damit Ihr Brief auch wirklich an die richtige Stelle weitergeleitet wird. Vergessen Sie auch hier nicht den ausreichend frankierten Rückumschlag.

Sehr geehrte Damen und Herren,

gestatten Sie, dass ich mich kurz vorstelle. Ich heiße Herbert Lübbers und lebe in Hamburg. Ich beschäftige mich seit einiger Zeit mit genealogischen Nachforschungen zu meiner Familie. Wie ich anhand von Familiendokumenten feststellen konnte, waren einige Familienmitglieder im 18. Jahrhundert auch im Raum Berlin ansässig.

Im Zuge meiner genealogischen Nachforschungen die Familie Lübbers betreffend bin ich auf Ihre Mithilfe angewiesen. Ich wüsste gerne, ob in Ihrer Einrichtung Bürgerbücher, Steuerlisten oder Gerichtsprotokolle aus dem ehemaligen Dorf und heutigen Stadtbezirk Wedding archiviert werden. Dabei geht es mir um den Zeitraum 1750 bis 1775. Sollte dies der Fall sein, möchte ich Sie höflichst bitten, mir die Möglichkeit zu einer Einsichtnahme zu geben. Wenn nicht, wäre ich Ihnen sehr verbunden, wenn Sie mir mitteilen könnten, wo ich weitere Nachforschungen nach den entsprechenden Dokumenten beginnen könnte.

Eventuelle Aufwendungen Ihrerseits werde ich selbstverständlich übernehmen. Ein frankierter und adressierter Rückumschlag liegt bei.

Mit freundlichen Grüßen

Unterschrift

Der persönliche Kontakt

Es gibt Situationen bei der Arbeit eines jeden Genealogen,
in denen er beinahe verzweifelt. Keine Spur führt zum Ziel,
kein Archiv bietet Erhellendes; jeder Weg, jeder Brief, jede
Anfrage verpufft. In solchen Fällen kann es ratsam sein,
die Hilfe anderer anzunehmen. Sie kennen sicher das alte
Sprichwort: »Den Wald vor lauter Bäumen nicht mehr sehen«. So geht es dem einen oder anderen Familienforscher, der sich womöglich schon monate- oder jahrelang
mit seinem Hobby beschäftigt hat und einfach nicht mehr
weiterkommt. Vielleicht benötigt er nur einfach jemanden,
der mit einem anderen Blick an die Aufgabe herangeht,
der einen anderen »Hebel« findet oder auch einfach nur
eine unkonventionelle Idee beisteuert.

Wenn die Arbeiten an Ihrer Familienchronik ins Stocken geraten, kann auch die Hinzuziehung eines genealogischen Profis ratsam sein, vor allem wenn es sich um Erbschaftsfragen handeln sollte.

Der genealogische Profi

Dies kann im Einzelfall auch ein Profi sein. Ich habe auf
den ersten Seiten dieses Buches schon auf den »Berufsgenealogen« hingewiesen, und es mag tatsächlich Situationen geben, in denen es ratsam ist, einen solchen hin-
zuziehen. Dies gilt natürlich in erster Linie, wenn Sie
die Ahnenforschung aus juristischen (z. B. erbrechtlichen)
Gründen betreiben »müssen«. Dann steht Ihnen normalerweise nicht so viel Zeit zur Verfügung, und der erfahrene,
professionelle Familienforscher kann vermutlich wesentlich effizienter arbeiten, als es Ihnen möglich ist.
Aber auch dann, wenn Sie das schon mehrfach erwähnte
»schwarze Loch« erreicht haben, kann der Profi mit seinem
deutlichen Plus an Erfahrung Ihnen möglicherweise weiterhelfen. Allerdings sollten Sie dabei immer bedenken, ob
die Kosten noch in einem vertretbaren Rahmen bleiben.
Rechnen könnte sich die Zahlung eines Honorars beispielsweise dann, wenn der Profi ohnehin ständig Archivreisen

unternimmt und sich somit über jeden zusätzlichen Auftrag freut, der seine Reisekasse ein wenig entlastet. In der einschlägigen Fachliteratur finden sich immer wieder entsprechende Anzeigen. Die Inanspruchnahme eines Berufsgenealogen kann auch dann nötig werden, wenn Sie selbst zu weit von der entsprechenden »Quelle« entfernt wohnen und der Profi ohnehin vor Ort ist. In diesem Fall liegt sein Honorar oft weit unter den Aufwendungen, die Sie selbst für eine derartige Recherchereise rechnen müssten.

Schließlich und endlich gibt es auch Historiker, die sich auf bestimmte Regionen und Archive spezialisiert haben und die wesentlich schneller als Sie in der Lage sind, weitere Anhaltspunkte und Daten zu Ihrem Thema zu ermitteln.

Mitgliedschaft in einem genealogischen Verein

Auch die Mitgliedschaft in einem genealogischen Verein bietet die Möglichkeit, hilfreiche Informationen über Ansprechpartner und weiterführende Adressen sowie über die Zuständigkeit von Archiven zu erhalten.

Eine weitere Möglichkeit, um in den eigenen Forschungen und Ermittlungen einen oder mehrere Schritte voranzukommen, ist die Mitgliedschaft in einem genealogischen Verein. Das lohnt sich auch für »Vereinsmuffel«, denn zum einen sind die genealogischen Vereine zumeist frei von den üblichen vereinsinternen Querelen und Intrigen, die Mitgliedsbeiträge sind vergleichsweise niedrig und das kollegiale Miteinander kann in vielen Fällen wirklich eine enorme Hilfe sein, die sich mit Geld gar nicht aufwiegen lässt. Ich rate somit jedem Familienforscher, der sich ernsthaft und langfristig mit seinem Hobby beschäftigen möchte, sich zumindest dem genealogischen Verein in der eigenen Region anzuschließen. Die Vorteile sind mannigfach: Zum einen vermittelt man Ihnen dort interessante Ansprechpartner, nennt Ihnen wichtige Forschungsadressen, weiß um die Zugänglichkeit der verschiedenen Archive, und in bestimmten Fällen kann der Verein sogar als Ihr persönlicher Interessenvertreter gegenüber Behörden oder Institutionen auftreten. Im Klartext: Wenn Ihnen eine Behörde den Zugang zu einem bestimmten Archiv aus unbestimmten Gründen verweigert, kann immer noch der Verein für Sie nachbohren. Dadurch entsteht eine ganz neue Situation, denn einer womöglich einflussreichen Organisation (kommt natürlich auch auf die Mitglieder an) verweigert man sich sehr viel weniger gern.

Vereinseigene Archive und Bibliotheken

Darüber hinaus haben die meisten Vereine selbst sehr umfangreiche Archive und Namenslisten angelegt. Über Jahrzehnte haben einzelne Mitglieder ihre Forschungsergebnisse im Rahmen der Vereinsmitarbeit dort veröffentlicht, haben Arbeitsunterlagen und Dokumente zur Verfügung gestellt. Vor allem, wenn Sie in einem regional-begrenzten Umfeld recherchieren, lassen sich in diesen Akten mit großer Wahrscheinlichkeit auch Querverweise entdecken, die zu Ihrer Stammlinie führen.

Ein weiterer wichtiger Aspekt sind die gemeinsamen Aussprache- und Forschungsabende, in denen Ergebnisse und die Wege dahin präsentiert werden. Auch dabei findet sich mancher neue gedankliche Ansatzpunkt.

Genealogische Vereine mit regionalem oder auch überregionalem Wirkungskreis verfügen über eigene Archive und Bibliotheken mit umfangreichem Material.

Neue Mitglieder sind in genealogischen Vereinen stets willkommen. Und warum soll man nicht vom Wissen der Vereinsmitglieder profitieren?

Ein relevanter Gesichtspunkt, der für einen Beitritt spricht, sind auch die Bibliotheken der Vereine, in denen Sie wahrscheinlich einen riesigen Fundus an Fachliteratur finden – eine Fülle von Büchern und Veröffentlichungen, die Sie ansonsten nie in derart kompakter Form vorfinden würden.

Schließlich und endlich haben die meisten Vereine auch gegen Mehrfachmitgliedschaften nichts einzuwenden – im Gegenteil: Sie könnten auch mehreren Vereinen beitreten und damit natürlich das Ergebnis- und Hilfepotenzial entscheidend erhöhen. Natürlich müssen Sie nicht unbedingt einem Verein beitreten, wenn Sie einen kompetenten Gesprächspartner suchen, der Ihnen hilft, über ein »schwarzes Loch« hinwegzuspringen.

Wenn Sie sich intensiv mit der Thematik beschäftigt haben, dann werden Sie ohnehin über kurz oder lang den einen oder anderen »Kollegen« treffen. Dass Sie allerdings zufällig auf einen Genealogen stoßen, der sich speziell mit Ihrem Fachgebiet beschäftigt, ist wohl eher unwahrscheinlich. Wie also lässt sich ein Kontakt herstellen?

Kontakte mit anderen Familienforschern

Kontaktmöglichkeiten bieten z. B. Fachzeitschriften. Vereinsmitgliedern steht ohnehin die Möglichkeit offen, in den clubinternen Publikationen einmal im Jahr eine kostenlose Suchanzeige zu veröffentlichen – gegen einen Obolus haben auch Nichtmitglieder diese Gelegenheit. Besonders empfehlenswert ist die bundesweit erscheinende Publikation »Familienkundliche Nachrichten« (FaNA). Sie werden erstaunt sein, dass sich nicht nur Sie mit vermeintlich fernliegenden Bereichen oder Regionen beschäftigen. Nicht selten lernt man so Leute kennen, die »vor Ort« recherchieren können. Revanchieren können Sie sich für Hilfe von anderen Familienforschern mit dem Angebot, ebenfalls Recherchen in Ihrem Wohnort zu übernehmen.

Der realtiv geringe Mitgliedsbeitrag ermöglicht es Ihnen, in gleich mehrere dieser Vereine einzutreten. Auf diese Weise können Sie Ihr Suchfeld und Ihre Kontaktmöglichkeiten zu anderen Familienforschern erheblich vergrößern.

Das »Archiv für Sippenforschung«

Eine gute Möglichkeit ist auch das »Archiv für Sippenforschung«, dessen Zeitschrift regelmäßig Adressen und
Suchgebiete von Familienforschern veröffentlicht.
Die Lektüre dieser Listen kann Ihnen zahlreiche nützliche Kontakte bescheren, und selbst wenn Sie dort
auf Anhieb keinen Kollegen entdecken, der in Ihrem
Suchgebiet tätig ist, können Sie immer noch den anderen Weg gehen: Sie lassen Ihren eigenen Namen und
Ihr Forschungsgebiet in der Zeitschrift veröffentlichen und
finden so gleichgesinnte Kollegen. Der Obulus, den Sie
dafür zu entrichten haben, hält sich in einem vertretbaren
Rahmen und sollte Ihnen die Sache allemal wert sein.

Mitgliederverzeichnisse

Andere Anhaltspunkte für eine Kooperation mit anderen
Genealogen sind die Mitgliederverzeichnisse der Vereine.
Auch diese beinhalten Namen und Adressen der Forscher
sowie ihre Fachgebiete. Naturgemäß lassen die Vereine
aber nicht jedermann Einblick in diese Listen nehmen.
Wenn Sie also in der betreffenden Region zu Hause sind,
wird der Verein aus nachvollziehbaren Motiven darauf bestehen, dass Sie zunächst Mitglied werden müssen, bevor
Sie die Adressenlisten einsehen dürfen. Wenn Sie jedoch
weit entfernt wohnen, sich also für Sie eine Mitgliedschaft
kaum lohnen würde, oder Sie gar schon einem anderen
Verein angehören, dann dürfte es keine größeren Kompli-
kationen geben.

Als Gegenleistung für die Einsichtnahme könnte die be-
treffende Vereinigung lediglich verlangen, dass sie Ihren
Namen in die eigenen Kontaktlisten integrieren darf – ein
Ansinnen, das Ihnen durchaus entgegenkommt, bietet es
doch noch eine weitere, indirekte Möglichkeit, um neue
Kontakte zu knüpfen.

Gleichgesinnte können Sie z. B. auch über das »Archiv für Sippenforschung« oder über die Adressen- und Kontaktlisten der genealogischen Vereine finden.

> **PRAXISTIPP**
>
> In verschiedenen öffentlichen Bibliotheken existieren auch
> überregionale Verzeichnisse, in denen Tausende von Fami-
> lienforschern verzeichnet sind. Allerdings sind diese Listen
> leider schon lange nicht mehr auf dem neuesten Stand und
> bedürften dringend einer gründlichen Überarbeitung. Doch
> die eine oder andere wichtige Ansprechadresse könnten Sie
> dort dennoch finden.

Verhaltensregeln bei Anfragen

Wenn Sie nun eine interessante Kontaktadresse gefunden
haben, dann sollten Sie sich unbedingt an bestimmte Regeln halten. Erste Anfragen immer in höflicher Briefform
stellen – unangemeldete Anrufe oder gar Besuche gelten in
genealogischen Kreisen zumeist als höchst unerwünscht.
In Ihrem Brief sollten Sie Ihr eigenes Suchgebiet so detal-
liert wie möglich beschreiben, bevor Sie um weiterführende Informationen bitten. Bieten Sie im Gegenzug an, Ihre
eigenen Forschungsergebnisse jederzeit unentgeltlich zur
Einsichtnahme zur Verfügung zu stellen und legen Sie stets
einen addressierten und frankierten Rückumschlag bei.
Außerdem ist es üblich, sich für erhaltene Daten oder Hinweise in schriftlicher Form zu bedanken.

Wenn Sie diese wenigen simplen Regeln befolgt haben,
dann kann es im einen oder anderen Fall sicherlich zu
einer für beide Seiten sehr fruchtbaren Kooperation kommen, die zuweilen sogar in eine Freundschaft mündet. Ich
selbst habe auf diesem Weg zahlreiche interessante Menschen kennen gelernt, mit denen ich seitdem in engem
Kontakt stehe und die ich als Freunde nicht mehr missen
möchte. Nachfolgend finden Sie ein Muster für einen Brief
an eine Kontaktadresse.

Sehr geehrter Herr Blöcher,

mit diesem Schreiben nehme ich Bezug auf Ihre Anzeige im Mitteilungsblatt des genealogischen Vereins XY, in dem Sie Ihre Unterstützung für Nachforschungen anboten.

Während der Nachforschungen zu meiner Familiengeschichte bin ich im Zeitraum 1800 bis 1845 in eine Sackgasse geraten, die sich im Großraum Augsburg manifestiert. Die von mir angeschriebenen Kirchenregister und Standesämter in den Gemeinden Wemding, Peterswörth und Aichach konnten mir keine Auskunft über die Familie Gerbrechtinger liefern und auch Nachforschungen in diversen anderen Archiven zeitigten keinen Erfolg. Die letzten mir bekannten Daten zur Familie Gerbrechtinger stammen von meiner Vorfahrin Hermine Gerbrechtiner (Urgroßmutter), die – laut den standesamtlichen Unterlagen der Gemeinde Lauingen – dort im Jahre 1846 geboren wurde. Von ihren Eltern sind lediglich die Namen vermerkt: Karl-Josef und Friederike Gerbrechtinger.

Wie Sie als professioneller Kollege wahrscheinlich nachvollziehen können, ist diese Sackgasse höchst unbefriedigend. Deshalb möchte ich auf Ihr Angebot zurückkommen und Sie mit den entsprechenden Nachforschungen beauftragen. Ich wäre Ihnen sehr verbunden, wenn Sie mir mitteilen könnten, ob Sie an diesem Auftrag interessiert sind und in welchem Rahmen sich Ihr Honorar bewegt. Die näheren Einzelheiten können wir auch telefonisch besprechen.

Mit freundlichen Grüßen

Unterschrift

Ein solcher Brief wendet sich an jemanden, der ein Dienstleistungsangebot macht. Vergessen Sie auf keinen Fall, nach den Honorarvorstellungen zu fragen. Erteilen Sie nicht vorschnell einen Auftrag.

Die Arbeit in Bibliotheken und Archiven gehören zum täglichen Brot des Familienforschers. An solchen Orten wird Gesschichte lebendig.

Die Fachliteratur

Schließlich und endlich könnte auch die Fachliteratur ein Weg sein, um den »toten Punkt« zu überwinden. Schließlich gibt es schon seit dem Ende des 19. Jahrhunderts genealogische Fachliteratur in Deutschland, und es sind mittlerweile etliche Tausend Bücher und ein Vielfaches davon an Zeitschriften, Blattsammlungen und Artikeln veröffentlicht worden. Allerdings ist die Beschäftigung mit der Fachliteratur nicht immer reines Zuckerschlecken. Von einer übersichtlichen Systematik oder überschaubaren Ordnung kann nämlich keine Rede sein. Hier regiert eher unübersichtliche Vielfalt.

Genealogische Fachliteratur wie Bücher, Zeitschriften, Loseblattsammlungen und Artikel können Ihnen ebenfalls bei Ihren weiteren Nachforschungen dienlich sein. Allerdings kann hier von einer einheitlichen Systematik leider nicht die Rede sein ...

Genealogische Fachzeitschriften

Erst einmal der Reihe nach: Seit rund 100 Jahren wurden im deutschsprachigen Raum rund 200 verschiedene genealogische Fachzeitschriften ins Leben gerufen. Die meisten davon wurden lediglich unter Vereinsmitgliedern verteilt und fanden deshalb überregional so gut wie keine Beachtung. Zu allem Überfluss wurden die meisten dieser

Blätter entweder nur höchst unregelmäßig herausgegeben oder mittlerweile schon längst wieder eingestellt. Einen Überblick über alle möglichen Publikationen zu erhalten, ist demnach so gut wie unmöglich.

Problematisch ist auch die Suche nach diesen Zeitschriften: Wenn Sie Glück haben und genau wissen, in welcher Stadt Sie suchen müssen, könnten Sie in der jeweiligen öffentlichen Bibliothek fündig werden. Ein ausgezeichnetes Beispiel ist die Stadtbücherei in Wetzlar: Dort hat sich ein Bibliothekar die Mühe gemacht, die alten Jahrgänge der regionalen genealogischen Zeitschrift fein säuberlich zu sortieren, einzuordnen und liebevoll abzuheften. Ein derartiges Verhalten ist aber eher die Ausnahme. Eine weitere Schwierigkeit bei der Beschäftigung mit derartigen Publikationen ist die Art der inhaltlichen Präsentation. Schon in einem nur wenige Seiten kurzen Artikel tauchen zuweilen Dutzende von Namen auf – der von mir gezählte, persönliche Rekord war eine Namenszahl von 114 (in einem Text mit 140 Zeilen).

Da auch die dort veröffentlichten Namenslisten nach höchst unterschiedlichen Gesichtspunkten und Systematiken zusammengestellt wurden, ist es nicht gerade einfach, sich einen schnellen Überblick zu verschaffen. Ganz ähnlich verhält es sich im Übrigen bei den familiengeschichtlichen Büchern, die allerdings den Vorteil haben, dass sie leichter zu handhaben sind: Das Blättern im gebundenen Buch ist weniger mühsam.

Genealogische Literatur zielgerichtet studieren

Sie haben es schon bemerkt – die Beschäftigung mit der genealogischen Literatur stellt wieder einmal hohe Anforderungen an Ihre Geduld und Ihr Durchhaltevermögen. Bevor Sie sich also daran machen, intensiv in die entsprechenden Nachforschungen einzusteigen, sollten Sie sich

Im Hinblick auf die Sichtung genealogischer Fachliteratur erscheint es ratsam, die eigene Suche zunächst auf eine ganz spezielle Region zu beschränken, da ansonsten der Überblick schnell verloren geht.

unbedingt darüber im Klaren sein, wonach Sie eigentlich konkret suchen. Als Einstieg in die Familienforschung können solche komplexen Werke nämlich beim besten Willen nicht empfohlen werden – da scheint der Weg über die Kirchenregister oder Standesämter – zumindest fürs Erste – wesentlich weniger zeitaufwändig zu sein.

So erscheint es zunächst sinnvoll, sich beim Durchforsten der genealogischen Fachliteratur auf eine bestimmte Region zu begrenzen und diese systematisch »durchzuackern«. Wie Sie sicherlich feststellen können, stoßen Sie dabei wesentlich schneller auf vertraute Namen und Listen, mit deren Hilfe Sie möglicherweise die eine oder andere Leerstelle in Ihrer Ahnenreihe vervollständigen können.

Sollte Ihre Familie aus dem Großraum Bremen stammen, dann hat es wenig Sinn, sich mit Hamburger oder Kölner Literatur zu beschäftigen, selbst im Fall, dass sich im weiteren Verlauf durchaus herausstellen könnte, dass der eine oder andere Vorfahre eben doch aus einer dieser Regionen zugezogen ist. Das sind eher Zufallstreffer, auf die Sie sich nicht verlassen können.

Auch die vorher festgelegte Suche innerhalb einer Region garantiert nicht, dass Sie sich nicht durch unendlich viele Daten durcharbeiten müssen, bis Sie fündig werden. Aber Zufallstreffer gibt es immer wieder.

Schrittweise zum Erfolg

Wenn Sie das »Unglück« haben, einen relativ weit verbreiteten Namen wie »Müller« zu führen, so erschwert dies die Suche nach Anhaltspunkten in der Fachliteratur noch einmal gewaltig. Denn anzunehmen, dass alle »Müllers« in den gewaltigen Listen in irgendeiner Weise verwandt sind, wäre ebenso naiv wie falsch. Andernfalls jedoch – wenn Sie beispielsweise »Kopelke« oder »Brandauer« heißen – besteht tatsächlich die Möglichkeit, relativ schnell auf neue Anhaltspunkte zu stoßen. Sie müssen sich die Beschäftigung mit dieser Art von Literatur wie ein gewaltiges Puzzle vorstellen, bei dem jemand viele falsche und unpassende Teile hinzugeschüttet hat: Das Aussieben ist mühsam, aber zuweilen passt ein Teilchen zum anderen und das daraus resultierende Glücksgefühl ist riesengroß. Manchmal – in günstigen Konstellationen – kommt es sogar vor, dass Sie in alten genealogischen Arbeiten eine Verknüpfung zu Ihrer eigenen Stammlinie entdecken, die Ihnen eine reiche Palette neuer Namen, Daten und Fakten eröffnet. Mir persönlich ist es in der besagten Stadtbücherei von Wetzlar binnen einer halben Stunde gelungen, rund 25 neue Karteikarten anlegen zu können und eine bislang höchst »mager bestückte« Linie meiner Ahnenreihe »mit Leben zu erüllen«. Der eine oder andere Familienforscher wird meine Begeisterung in diesem Moment vielleicht nachvollziehen können.

Namen- und Ortsregister

Um sich den Einstieg in die Fachliteratur zu erleichtern, sollten Sie zunächst versuchen, die veröffentlichten Register in die Hände zu bekommen. Die meisten Publikationen veröffentlichen regelmäßig solche Register, die häufig den Zeitraum eines Jahres oder einer ganzen Dekade beinhalten. Diese sind in der Regel alphabetisch nach Namen geordnet, zuweilen existieren aber auch Ortsregister, die sich entweder ebenfalls nach Namen oder auch nach Regionen aufschlüsseln lassen, wobei die Ortsnamen natürlich ebenfalls wieder alphabetisch sortiert sind. Zu finden sind derartige Register entweder als Anhang von familiengeschichtlichen Buchreihen (»Deutsches Familienarchiv« oder »Deutsches Geschlechterbuch«) sowie als »Sonderhefte« der jeweiligen Zeitschriften. Bei noch bestehenden Publikationen werden diese Register wiederum in mehr oder weniger regelmäßigen Abständen noch einmal zusammengefasst und nicht selten in Buchform veröffentlicht. Auch hier sind die öffentlichen Bibliotheken die erste Anlaufstelle. Erkundigungen hierzu lassen sich allerdings auch bei den diversen genealogischen Vereinen einziehen.

Register, angelegt nach Namen oder Orten, erleichtern Ihnen Ihre Arbeit ungemein. Informationen hierzu erhalten Sie z. B. bei den genealogischen Vereinen oder auch bei öffentlichen Bibliotheken.

Das Registerwerk »Der
Schlüssel« ist ein
lobenswerter Versuch,
den Inhalt der alten
Kirchenbücher über-
sichtlich und gut lesbar
aufzubereiten. Diese
»Verkartung der
Kirchenbücher« wird
sicherlich vielen
Hobbygenealogen die
Arbeit sehr erleichtern.

Register auf einen Blick

Die beste Möglichkeit, um einen Überblick über alle vorhandenen Register und ihren Nutzwert zu erhalten, ist das
Registerwerk »Der Schlüssel«. Herausgegeben vom Heinz-
Heise-Verlag in Göttingen; regelmäßig neu aufgelegt, ist
dieses Buch ein schier unentbehrliches Hilfsmittel für beinahe jeden seriösen Familienforscher geworden, der tiefer
in die Materie eindringen will.

Die Herausgeber werten seit mehreren Jahrzehnten systematisch sämtliche genealogischen Publikationen aus und
erstellen immer wieder aufs Neue einen Band mit Namens-
und Ortsregistern. Daraus ist dann selbst für den genealogischen Laien recht simpel zu ersehen, welche Namen
wann und wo erwähnt wurden. Dies klingt recht simpel, ist
aber in Umfang, Art und Aufmachung ein kleines Meisterwerk der Familienforschung.

Auswertung der Kirchenbücher

Eine weitere Informationsquelle ist die seit einigen Jahren heftig betriebene »Verkartung von Kirchenbüchern«, die derzeit im gesamten deutschsprachigen Raum vorgenommen wird. Dabei haben sich
zahlreiche Familienforscher aus Deutschland, Österreich und der Schweiz (auch einige Luxemburger und
Elsässer) zusammengeschlossen und versuchen, den
Inhalt alter Kirchenbücher in eine übersichtliche und leichter lesbare Form zu bringen. Die einzelnen, in den alten
Büchern genannten Personen werden dafür jeweils auf
Karteikarten eingetragen und sobald eine bestimmte Anzahl zusammengekommen ist auch veröffentlicht. Viele
dieser Veröffentlichungen erfolgen allerdings noch heute
auf Privatinitative und sind eher schwierig zu erhalten. Für
nähere Einzelheiten darf ich Ihnen wiederum die Experten
der regionalen genealogischen Vereine ans Herz legen.

Ortssippenbücher

Ein heikles und ideologisch natürlich höchst belastetes
Thema sind auch die so genannten »Ortssippenbücher«,
mit deren Herausgabe im Dritten Reich begonnen wurde.
Ich bin an anderer Stelle schon einmal ausführlich auf die
»Verblendung« vieler Familienforscher jener Tage eingegangen und auf den Missbrauch, der mit der Genealogie
seinerzeit betrieben wurde. Tatsache ist jedoch, dass die
erhaltenen Ortssippenbücher – sobald Sie den gesamten
ideologischen Müll eliminiert haben – zahlreiche interessante Anhaltspunkte enthalten und zuweilen nach dem
Krieg auch als »Einwohnerbücher« weitergeführt wurden.
Vor allem in kleineren Ortschaften lassen sich aus ihnen
interessante Details ersehen, wobei Sie jedoch immer bedenken sollten, dass die eine oder andere Stammlinie aus
den damals vorherrschenden ideologischen Motiven
durchaus »geschönt« oder von »unliebsamen Elementen
gesäubert« sein könnte.

Hilfe durch den Computer

Nachdem alle vorhandenen Forschungsmöglichkeiten
aufgezählt wurden, kommt an dieser Stelle fast unweiger-
lich immer die Frage, ob es im Zeitalter der Computer und
des Internets nicht neue, weiter reichende Forschungsmöglichkeiten gibt – Möglichkeiten, bei denen man eventuell
nicht einmal den eigenen Schreibtisch verlassen muss?
Sie sollten dabei jedoch stets im Auge behalten, dass ein
Computer nur so viel zu leisten imstande ist wie der
Mensch, der ihn bedient, und keinesfalls »klüger« sein kann
als derjenige, der ihn programmiert hat. Doch tatsächlich
beschert uns die »Computergenealogie« zumindest hinsichtlich der Systematik etliche neue Möglichkeiten, die
noch längst nicht vollständig ausgereizt sind.

Das Computerzeitalter macht auch vor der Genealogie nicht halt. So kann man neben der Nutzung des Internets vor allem auf dem Gebiet der systematischen Aufbereitung der Daten mittels Computer viel gewinnen.

Kontaktmöglichkeiten
rund um die Welt bietet
das Internet. Geben Sie
in eine Suchmaschine
einfach mal den von
Ihnen gesuchten Namen
ein und warten Sie, was
passiert. So mancher
interessante Kontakt hat
sich so schon ergeben.

So bietet die Datenverarbeitung natürlich die Möglichkeit, unzählige Fakten, Zahlen und Namen in kompakter Form abzuspeichern und nach verschiedenen Gesichtspunkten zu sortieren und wieder abzurufen (z. B. nach Namen, nach Berufen, nach Konfessionen usw.). Der Computer spart uns demnach Papier und Arbeit, und zudem wurden bereits auch etliche Softwaremöglichkeiten speziell für den Genealogen entwickelt. Seit kurzem gibt es dafür sogar eine eigene Fachzeitschrift, die Sie bitte den Literaturhinweisen dieses Buches entnehmen.

Forschung via Internet

Damit zum Thema Internet: Dieses Medium enthält in der Tat verlockende Möglichkeiten. Bei der simplen Eingabe von Namen in die verschiedenen Suchmaschinen stoße ich in letzter Zeit immer häufiger auf interessante genealogische Abhandlungen verschiedener, über die ganze Welt verstreuter Familien. Vor allem dann, wenn Sie im Zuge Ihrer eigenen Nachforschungen darauf gestoßen sind, dass ein Zweig Ihrer Vorfahren sich wahrscheinlich oder ganz sicher in Übersee niedergelassen hat, könnte das Internet Ihnen eine neue Hoffnung bescheren. Doch auch hier gilt: Die Familie »Schulz« in Texas hat keinesfalls zwangsläufig etwas mit Ihren gleichnamigen ausgewanderten Vorfahren zu tun – im Gegenteil. Die Chance ist relativ gering.

Festzuhalten bleibt allerdings: Wenn Sie die entsprechende genealogisch orientierte Homepage dieser Familie gefunden haben und die Möglichkeit einer Kontaktaufnahme über das Medium Internet besteht, dann sollten Sie sich diese Chance nicht entgehen lassen. Jeder neue Kontakt in die Vereinigten Staaten kann nützlich sein, und sei's auch nur, um neue Adressen oder Anlaufstellen, bekommen. Zuweilen entwickelt sich aus solchen Kontakten auch eine »ozeanübergreifende« Zusammenarbeit, denn schließlich ist die Mehrzahl amerikanischer Familienfor-scher auf die Zusammenarbeit mit europäischen Kollegen angewiesen. Aus Irland, Deutschland, England, Spanien, Österreich, Frankreich – aus ganz Europa strömten Ein-wanderer in den vergangenen Jahrhunderten ins »Land der unbegrenzten Möglichkeiten«. Kein Wunder, dass amerika-nische Genealogen häufig schon in der Mitte des 19. Jahr-hunderts an »natürliche Forschungsgrenzen« stoßen.

Familienforschung im Überblick

Nachfolgend möchte ich Ihnen noch einmal einen umfas-senden Überblick über die Vorgehensweise bei der Fami-lienforschung geben. Sie können dies als eine Art »Checkliste« betrachten, anhand derer Sie sich jederzeit über die richtige Vorgehensweise informieren können.

Diese Liste erhebt natürlich keinen Anspruch auf Vollstän-digkeit und manch einer von Ihnen mag nun sagen: »Hm – so klingt's natürlich einfach«. Nein, einfach ist Genealogie sicher nicht, doch wenn Sie die angeführten Punkte, Re-geln und Vorschläge beachten, dann haben Sie zumindest eine gewisse Sicherheit, auf dem richtigen Weg zu sein.

Wie Sie nach einer Weile feststellen werden, bestehen große Teile der Genealogie auch aus Routine. Daten-sammlungen, die Ihnen zunächst wie Zauberei vorkom-men, gehen Ihnen selbst nach einigen Wochen und Mona-ten mit Leichtigkeit von der Hand. Sie dürfen sich allerdings nicht von den Anfangserfolgen blenden lassen. Über zwei, drei und manchmal auch vier Generationen hin-weg werden Sie wahrscheinlich kaum auf Schwierigkeiten stoßen, doch spätestens, wenn Sie sich mit Ihrer Stammlis-te in der Mitte oder zu Beginn des 19. Jahrhunderts bewe-gen, werden sich Ihnen erste Hürden in den Weg stellen. Sie benötigen dann Geduld und Durchhaltevermögen.

Geduld und Durchhalte-vermögen sind in der Genealogie wesentliche Voraussetzungen, die letztlich aber oft zum gewünschten Erfolg führen.

117

Die wesentlichen
Arbeitsschritte bei der
Familienforschung: von
der eigenen Geburts-
urkunde bis hin zur
Einsicht in alte
Kirchenbücher.

RECHERCHE IM ÜBERBLICK

▶ Ausgangspunkt der Familienforschung ist das Stammbuch oder auch die eigene Geburtsurkunde.

▶ Machen Sie sich den Anfang nicht zu schwer: Sammeln
Sie zunächst die Daten zu Ihren Eltern und Großeltern.

▶ Notieren Sie von Anfang an konsequent alle Daten und
Fakten. Verwenden Sie möglichst Karteikarten. Wenn Sie die
Arbeit am Computer bevorzugen, dann achten Sie stets darauf, in regelmäßigen Abständen Sicherungskopien auf Diskette abzuspeichern.

▶ Halten Sie Ordnung in Ihren Karten: Nummerieren Sie
von Anfang an sorgfältig.

▶ Verwenden Sie für den Eintrag noch nicht gesicherter Daten bitte immer einen Bleistift.

▶ Orientieren Sie sich nach dem gelegten Grundstock
zunächst an den »einfachen« Forschungsquellen. Erste An-
laufstationen sind normalerweise die Standesämter des el-
terlichen oder großelterlichen Geburtsortes. Formulieren
Sie Ihre Anfrage präzise, höflich und vergessen Sie den frankierten und adressierten Rückumschlag nicht.

▶ Bitten Sie nicht nur um Auskünfte, sondern gleich um
eine Kopie der entsprechenden Urkunde (*NICHT* beglaubigt
– ansonsten entstehen unnötige Kosten).

▶ Ihre zweite Anlaufstelle (wichtig vor allem in der Zeit vor
1850) sind die Kirchenbücher und damit natürlich die
Pfarrämter. Sollten Sie dort nicht fündig werden, wenden
Sie sich an das zuständige bischöfliche Ordinariat oder an
die Landeskirche.

▶ Sorgen Sie dafür, dass Sie im Zweifelsfall lateinische oder
französische Wörterbücher parat haben.

▶ Nutzen Sie die Möglichkeit einer Akteneinsicht, wenn Sie
Ihnen geboten wird. Bestehen Sie jedoch niemals darauf.

RECHERCHE IM ÜBERBLICK

▶ Ordnen und archivieren Sie das neu gewonnene Material ebenso sorgfältig wie Ihren Grundstock.

▶ Machen Sie sich nun auf die Suche nach weiteren Quellen: Adressbücher, Adresskalender, Untertanenlisten, Melderegister, Zeitungsarchive u. ä.

▶ Befassen Sie sich mit der genealogischen Fachliteratur: Versuchen Sie sich zunächst, der verschiedenen Register anzunehmen (für einen ersten Überblick).

▶ Denken Sie über persönliche Kontakte nach. Eine Mitgliedschaft in einem oder mehreren genealogischen Vereinen kann sehr nützlich sein. Pflegen Sie den Kontakt zu anderen Familienforschern und helfen Sie, wenn Sie darum gebeten werden und dazu in der Lage sind.

▶ Vergessen Sie auch die so genannten »dinglichen Quellen« nicht. Fotografieren Sie Geburtshäuser, Hausmarken, alte Möbel und Kleidungsstücke.

▶ Achten Sie darauf, die »Fundstücke« ebenfalls sorgfältig in Ihre Kartei zu integrieren. Arbeiten Sie beispielsweise bei Fotografien mit handschriftlichen Vermerken auf der Rückseite, sodass die Zuordnung keine Probleme macht.

▶ Machen Sie die Familienchronik interessant, indem Sie die Geschichte Ihrer Vorfahren in einen größeren historischen Zusammenhang stellen.

▶ Sollten Sie mit dem Computer arbeiten, besorgen Sie sich rechtzeitig die notwendige Software. Dies erspart Ihnen die mühsame »Zeichensuche« auf der Tastatur und hilft bei der Zeichnung von Stammbäumen oder Ahnentafeln.

▶ Sollten Sie sich mit dem Gedanken tragen, eine Familienchronik abzufassen, denken Sie an Ihre Kinder. Reichern Sie Ihren Bericht auch mit Details Ihrer Zeit an, sodass Ihre Kinder später einen wirklich umfassenden Überblick haben.

Diese Punkte sind für Ihre erfolgreiche Arbeit wichtig: vom sorgfältigen Archivieren des gefundenen Materials bis zur Arbeit am Computer.

Das eigene Wappen – Einführung in die Heraldik

Fast zwangsläufig werden sich Genealogen im Zuge ihrer Forschungen auch mit dem Thema »Wappenkunde« beschäftigen – im Allgemeinen als »Heraldik« bezeichnet.

Ebenso wie die Genealogie ist die Heraldik eine Art Hilfswissenschaft, die sich mit der Untersuchung von Wappen beschäftigt. Ich darf an dieser Stelle voraussetzen, dass jeder Leser weiß, wie Wappen im Allgemeinen aussehen. Untergliedert ist die Heraldik in »Wappenlehre«, »Wappenrecht« und »Wappenkunst«. Wappen sind Abzeichen einer Person oder Personengemeinschaft, die sich oftmals vor allem an mittelalterlichen Schutzwaffen orientieren. Wappen im engeren Sinn gibt es nur in der christlich-abendländischen Kultur.

Nicht wenige Hobbygenealogen träumen davon, bei ihren Recherchen auf ein eigenes Familienwappen zu stoßen. Leider ist das nur wenigen vergönnt.

Geschichte der Wappenkunde

Das Wort Heraldik geht zurück auf die »Ars Heraldica« (Kunst der Herolde), die im Mittelalter mehrere Funktionen hatten. Ihre wahrscheinlich wichtigste war die Wahrung und Überwachung des Hofzeremoniells sowie die damit verbundene »Ausrichtung« und Organisation von Turnieren. Darüber hinaus hatten sie die Aufgabe, auf derartigen »Toasten« ihren jeweiligen Herrn zu repräsentieren und ihm auch im Feldzug vorauszureiten. Dabei waren sie zunächst eine Art »Packesel«: Die schweren Waffen, Teile der Rüstung und der Schild des Ritters wurde meist vom Herold transportiert, der damit unter anderem auch für die Packpferde und die Reisevorbereitungen verantwortlich war.

Bild links: Das Wappen der Familie Cranach, das Lucas Cranach der Ältere (1472 – 1553) durch Wappenbrief von Maximilian I. im Jahr 1508 verliehen bekam.

Bleiben wir noch ein wenig bei den Repräsentationspflichten des Herolds. Wie Sie sicherlich schon auf Abbildungen gesehen haben, entstand in der Mitte des 12. Jahrhunderts eine neue Form der Ritterrüstung. Die »edlen« Streiter nämlich waren nicht mehr gewillt, ihre Körper unnötigen Risiken auszusetzen. Statt des bis dato üblichen Kettenpanzers auf der Brust wurden metallische Ganzkörperrüstungen angefertigt, die den jeweiligen Ritter zwar recht unbeweglich machten, die es dem Gegner allerdings auch sehr erschwerten, eine ungeschützte Körperstelle zu finden. Auch der kappenförmige Helm wurde im Zuge dieser Veränderungen abgelöst und durch eine Art »Topf« ersetzt, der lediglich kleine Sichtschlitze freiließ und ansonsten den gesamten Kopf umschloss. Nachteil: Das Gesicht des Ritters war sämtlichen Betrachtern verborgen, es bedurfte einer neuen Möglichkeit der Identifizierung.

Um die »eingerüsteten« Ritter überhaupt identifizieren zu können, bedurfte es unverwechselbarer Merkmale. Die Schilde boten sich damals als Träger von wieder erkennbaren und Respekt einflößenden Symbolen an.

Symbole auf Schilden

In diesen Jahren verfiel ein findiger Herold (oder auch Knappe) auf die Idee, seinen Herrn mit einem »Symbol« auszustaffieren. Dieses hatte möglichst unverwechselbar zu sein, sollte die Tapferkeit des Ritters eindrucksvoll belegen und darüber hinaus auch noch für einen gewissen Respekt beim Gegner sorgen. Nun musste nur noch ein geeignetes »Fleckchen« gefunden werden, auf dem sich diese Symbole aufbringen ließen. Was lag da näher als der Schild des Ritters?

Prompt wurden die ersten Tierfiguren mit möglichst leuchtenden Farben auf die Schilde gemalt: Löwen, Bären, Stiere oder auch Drachen sollten die »tierische« Kraft und Entschlossenheit des jeweiligen Schildträgers für jedermann offensichtlich machen. Regeln gab es in dieser Frühphase noch nicht, allerdings achtete man beim Aufmalen darauf, möglichst kräftige Farben zu verwenden – Rot war der »Renner der Saison« – und darauf, dass die Symbole auch auf eine relativ große Entfernung von rund 150 Metern noch gut zu erkennen waren.

Wenige Jahre später kamen dann weitere Symbole hinzu, die zumeist christlichen Ursprungs waren: das Kreuz, die Lilie, das Rad und die Rose. Die Herren Ritter wichen also etwas vom allzu Martialischen ab und versuchten, sich ein etwas »edleres« Image zu geben.

Aus heutiger Sicht würden wir die ersten Wappen wahrscheinlich als eine Art »Marketingstrategie« bezeichnen. Mit Hilfe der bunten Symbole versuchten deren Träger nämlich in erster Linie Werbung in eigener Sache zu machen – Werbung für die eigene Unverwechselbarkeit, Kraft, Mut und Tapferkeit. Darüber hinaus war es den Rittern natürlich angenehm, sich bei den jeweiligen Herrschern nachhaltig ins Gedächtnis zu rufen. Ein Spitzname wie »Der rote Löwe von Drachenfels« haftete eben wesentlich nachhaltiger als »Ritter Kunibert«.

Die Tapferkeit der Schildträger, der es Repekt zu zollen galt, wurde mittels »starker« Tierfiguren in unterschiedlichen Farben dargestellt. Später kamen noch andere Symbole hinzu.

Die Wappensymbole standen keineswegs nur für Stärke und Schlagkraft, sondern auch für eine gehobene und individuelle Lebensart.

Übrigens: Das Wort »Wappen« stammt vom mittelhochdeutschen »wapen«, das nichts anderes als »Waffen« meinte. Der Träger von metallischen Waffen war im Mittelalter stets von »gutem Blute« – sprich: aus adligem Hause und damit berechtigt, sich ein derartiges Symbol zu verleihen. Allmählich wurde der Begriff »Wappen« aber zum Synonym für die Herkunft und Abstammung des »Waffenträgers«.

Erste Querverweise zur Genealogie

Ganz praktisch war es in diesem Zusammenhang, dass die Symbole auf den ritterlichen Schilden um die Mitte des 12. Jahrhunderts herum erblich wurden. Und damit ergeben sich auch erste Querverweise zur Genealogie: Anhand eines bestimmten Wappens lässt sich die Zugehörigkeit seines Trägers zu einer bestimmten Sippe seit damals zweifelsfrei belegen. Je weiter man in der Familienforschung in die Vergangenheit hineinreicht, desto wertvoller kann dieses Wissen werden. Schließlich ist die Chance, dass Sie auf mittelalterliche Urkunden stoßen, eher gering. Die Möglichkeit jedoch, eine Wappenlinie bis in ihre Ursprünge zu verfolgen, besteht durchaus.

Im Zuge der allmählichen Weiterentwicklung der Wappen wurden diese immer kunstfertiger und waren längst nicht mehr nur noch auf dem Schild zu finden. Auch der Waffenrock wurde damit verziert, und so mancher Ritter schmückte den Eingang seines Hauses mit dem »Symbol der Familie«. Mit der inflationären Zunahme der Wappen entstanden jedoch auch erste Probleme: Schließlich kannte man seinerzeit noch nicht allzu viele wirklich bedrohliche Tiere, sodass es auf den Schilden binnen weniger Jahre und Jahrzehnte nur so wimmelte von roten Löwen und schwarzen, Feuer speienden Drachen. Verwechslungen waren damit nicht mehr auszuschließen, und wieder einmal war der Einfallsreichtum der Herolde und Knappen gefragt.

Mitte des 12. Jahrhunderts wurden die Symbole, mit denen sich ein jeder Ritter schmückte, erblich. Das führte zu einer wahren Inflation der Wappen. Die Zugehörigkeit zu einer bestimmten Sippe wurde damit auch optisch belegt.

Helmzier und Helmdecke

Zunächst bekamen auch die Helme einen unverwech-
selbaren Schmuck – die »Helmzier«. Dabei gab es fast
geweihähnliche Gebilde, Spitzen und Kreuze, Flügel,
Hörner und Federn. Ganz ähnlich ausstaffiert wurde
im Laufe der Zeit auch die so genannte »Helmdecke«:
Dieser – zumeist lederne – Schutz im Nacken diente
zunächst der Aufgabe, Schläge oder Stöße aus dem Hin-
terhalt abzumildern oder gar abzulenken und sorgte darüber hinaus dafür, dass der Helmträger unter seinem metallischen Schutz nicht an Hitze einging. (Heiß genug blieb es
immer noch, und so mancher Kreuzritter im Heiligen Land
hatte mit der Hitze in der eigenen Rüstung mehr zu kämpfen als mit den wütenden Sarazenen).
Somit wurde aus dem einfachen Wappen im Lauf der Generationen eine Art heraldische Dreieinigkeit: Schild, Helm
und Helmdecke bildeten zusammen ein unverwechselba-
res Erkennungsmal. Wurde das Wappen aufgezeichnet, so
geschah dies mit sämtlichen Insignien. Im Mittelpunkt (zumeist in Schildform gemalt) stand immer noch das Symbol auf dem ritterlichen Schild. »Umrahmt« wurde es von
der mehr oder weniger kunstvollen und verschnörkelten
Zier auf der Helmdecke. »Gekrönt« wurde das Bild durch
die jeweilige Helmzier des Inhabers.

Wappensymbole der Gemeinden

Ein weiterer interessanter Aspekt dieser Jahre war die Tatsache, dass nach und nach nicht nur mehr Ritter sich Wappen ersannen und trugen, sondern dass auch Städte und
große Dörfer sich mit derartigen Symbolen schmückten.
Ausgangspunkt allerdings waren auch hier die Adelshäuser: Um die Burgen herum waren schließlich im Laufe der

Neben den Schilden
wurden im Lauf der Zeit
auch Helme und Helm-
decken mit Symbolen
geschmückt. Diese
Symbole fanden sich
dann auch im gemalten
Wappen wieder.

Jahrhunderte kleinere oder größere Gemeinden entstanden – Menschen, die klugerweise beschlossen hatten, in diesen kriegerischen Zeiten Schutz im Schatten der mächtigen Burgen, unter den »Fittichen« ihrer Lehensherren zu suchen. Zumeist entlehnten sie mit Billigung ihres Schutzpatrons dessen Schildwappen, um die Zugehörigkeit zu seiner Herrschaft zu demonstrieren. Im Laufe der Zeit eigneten sich allerdings auch so genannte »freie Städte« diese Praxis an. Beinahe jede einzelne Gemeinde in Mitteleuropa verfügt heute über eine eigenes Wappensymbol.

Neben Städten legten sich auch große Dörfer ein solches Wappen zu, um ihre Zugehörigkeit zu einem bestimmten Adelshaus oder ihre Freiheit und ihren Wohlstand zu demonstrieren.

Spiegelbilder der Familienehre

Sie können sich nun sicherlich ausmalen – und wenn Sie den einen oder anderen Historienschinken im Kino oder Fernsehen gesehen haben, haben Sie sogar ein Bild vor Augen –, wie bunt und farbenprächtig die Herren Ritter nun in die Kriege und Turniere zogen. Vor allem die diversen Turnierveranstaltungen, bei denen sich die Adligen hoch zu Ross mittels Lanzen und anschließend mit dem Schwert »freundschaftlich« bekriegten, waren ein überaus »farbiges« Schauspiel, wobei die Wappen in diesen Jahren sogar ein gewisses »Eigenleben« entwickelten. Längst waren sie mehr als bloße Symbole für den Träger – längst waren sie zu Spiegelbildern der Persönlichkeit und der Familienehre geworden. So genügte es bei derartigen Turnieren bereits, ein Wappen – das demonstrativ in Standartenform vor den Zelten aufgepflanzt war – zu beleidigen oder anzuspucken, um eine Herausforderung auszusprechen. Die »Schändung des Wappens« wurde dann – häufig mit recht blutigem Ausgang – auf dem »Feld der Ehre« gesühnt. Über Sinn und Unsinn dieser Sitte lässt sich streiten, doch darf man derartige Turniere mit Fug und Recht als die »Sportveranstaltungen des Mittelalters« bezeichnen.

Gemeindewappen Unterschleißheim:
Der Zickzackbalken symbolisiert die
Geschichtliche Verbindung zum
Kloster Scheyarn im 12. Jahrhundert.

Wappen des Königreiches Böhmen:
Hier zeigt sich die heraldische Drei-
faltigkeit mit Schild, Helm und
Helmzier.

Wappen der Verbandsgemeinde
Rhein-Nahe mit dem Bingener
Mäuseturm und verschiedenen
Wappensymbolen.

Auch der Stellvertreter Gottes auf Er-
den verfügt über ein eigenes Wappen:
Wappen von Papst Johannes Paul II.

Heraldik als Wissenschaft

Wann wurde Heraldik zur Wissenschaft? »Überraschend früh« lautet die Antwort, denn schon im 14. Jahrhundert verfasste der italienische Rechtsprofessor Bartolus de Sassoferrato eine erste theoretische Abhandlung über Wappen und ihre Herkunft. Das berühmteste Werk dieser frühen Jahre ist allerdings das »De nobilitate et rusticitate« des Zürichers Chorherren Felix Hemmerlein, in dem der Schweizer nicht nur die Rüstungen und die verschiedenen Waffen ausführlich beschrieb, sondern auch den Wappen und ihrer Geschichte ein ausführliches Kapitel widmete.

Wissenschaftlich fundiert und heute noch lesenswert ist eine um 1640 erschienene Abhandlung des Nürnberger Ratsherren Georg Philipp Harsdörffer, der in seinen »Unterhaltungen über die Heroldskunst« erstmals die Einteilung des Wappenschildes ausführlich beschrieb und die verschiedenen Möglichkeiten und Entwicklungen anhand diverser Beispiele anschaulich darlegte. Zudem führte er eine Reihe von Fachbegriffen ein, auf die vor allem in der französischen Wappenkunde viel Wert gelegt wurde.

Es folgten eine ganze Reihe von theoretischen Werken, aber erst in der Mitte des 17. Jahrhunderts erhob sich die Heraldik zu einer wirklichen Wissenschaft. So gründete Friedrich I. von Preußen im Jahre 1705 einen ersten Lehrstuhl für Heraldik in Berlin – erster ordentlicher Professor dieser Fachrichtung wurde der wappenkundliche Ratgeber des Königs, Christian Maximilian Spener. In den Folgejahren folgten an diversen deutschen Hochschulen weitere Lehrstühle – Einrichtungen, die samt und sonders seitens der Herrschenden gefördert wurden.

Das königliche Interesse ist durchaus nachvollziehbar: Zwar war die hohe Zeit der ritterlichen Turniere ab der Mitte des 15. Jahrhunderts vorbei, doch hatten die Herrschenden

Bereits im 14. Jahrhundert beschäftigte man sich auf theoretischer Ebene mit den Wappen. In der Folgezeit wurden sogar Lehrstühle an den Hochschulen zur Erforschung der Wappenkunst ins Leben gerufen.

WAPPENARTEN

Urwappen

Die »Urwappen« sind die ältesten bekannten Wappen und werden schon seit vielen Generationen von adligen Familien geführt. Ihre Ursprünge reichen bis weit ins Mittelalter zurück. Unter die »Urwappen« fallen auch die Kriegs- und Turnierwappen der Ritter.

Briefwappen

Briefwappen konnten seit Mitte des 14. Jahrhunderts durch so genannte Wappenbriefe verliehen werden. Verschiedene Landesfürsten verschafften sich durch diese Praxis eine blühende Nebeneinnahmenquelle, denn freie Bürger konnten diese so genannten Briefwappen gegen bares Geld vom Lehensherrn kaufen. Mit der Wappenverleihung war allerdings keinesfalls automatisch eine Erhebung in den Adelsstand verbunden.

Kanzleiwappen

Bei Kanzleiwappen hingegen war die gleichzeitige Verleihung eines Adelstitels selbstverständlich. Ausgefertigt wurden sie durch die Kanzleien (heute würden wir Sekretariate sagen) der Herrscherhäuser. Kanzleiwappen werden noch heute in Belgien und Großbritannien verliehen.

Bauernwappen

Bauernwappen sind vor allem in Norddeutschland recht verbreitet. Bauern, die keinem Lehensherrn untertan waren, sondern ihre Äcker in eigener Regie bewirtschafteten, legten sich häufig ein eigenes Wappen vor, auf dem in vielen Fällen landwirtschaftliche Symbole wie beispielsweise eine Sense oder ein Pflug zu sehen sind. Diese Wappen wurden zum Symbol des »Freibauerntums« und erhielten in den Bauernaufständen während der Reformation einen sehr konkreten, kriegerischen Hintergrund.

In der Heraldik wird nach vier Wappenarten unterschieden, die jeweils auf verschiedenen Verwendungsarten und andere geschichtliche Hintergründe zurückgehen.

schon rund 100 Jahre zuvor erkannt, welche Symbolkraft den Wappen innewohnte und bedienten sich ihrer eifrig.

Kaiser Karl IV. war der Erste, der sich das Recht nahm, Wappen zu »verleihen« und damit einen treuen oder besonders diensteifrigen Vasallen mittels eines »Kunstproduktes« in den Adelsstand zu erheben. Dieses Recht blieb den Herrschaftshäusern übrigens bis zum endgültigen Ende der Deutschen Monarchie im Jahre 1918 erhalten. In Belgien und Großbritannien können die Königshäuser noch bis zum heutigen Tage Wappen und damit adelige Titel verleihen. Nicht zuletzt aufgrund dieser Praxis unterscheidet der moderne Heraldiker heute zwischen vier verschiedenen Wappenarten (siehe Seite 129).

Wappen folgen in ihrem Aufbau und in ihrer Farbgestaltung bestimmten formalen Regeln und lassen sich daher »lesen«. Sie geben also in vielerlei Hinsicht Aufschluss über die dazu gehörige Familie.

Die Regeln der Heraldik

Um Wappen zu verstehen, sollte man zuerst die strengen formalen Regeln kennen, mit denen sie erstellt wurden und werden. Es könnte durchaus sein, dass Sie im Zuge Ihrer Familienforschungen auf ein Wappen stoßen, das Ihrer Familie oder zumindest einem Teil davon zuzuordnen ist. In dem Fall sollten Sie wissen, wie es zu »lesen« ist, welche Informationen es über seine Träger beinhaltet.

Farbwahl

Das Wichtigste zu Beginn: Wappen mögen Ihnen zwar »schön bunt« vorkommen, doch tatsächlich sind grundsätzlich nur sechs verschiedene Farben erlaubt. Dabei unterscheidet man noch zwischen »natürlichen« Farben und »Metallfarben«: Bei den letztgenannten handelt es sich um Gold und Silber – die natürlichen Farben sind Grün, Blau, Rot und Schwarz. Zuweilen wurde auch die Mischfarbe

Blaugrau verwendet, aber nur für Details im Schildwappen oder um die Helme im so genannten »Oberwappen« zu gestalten. Andere Farben dürfen nur für bestimmte Details verwendet werden – ein menschlicher Schwertarm z. B. wird fleischfarben dargestellt, der Hirsch darf braun und der Löwe gelb sein. Die strengen Farbregeln gelten in erster Linie für die »Grundfarben« des Wappens – wir würden heute vom so genannten »Hintergrund« sprechen. Eine weitere Ausnahme ist die Farbe Purpur, die für höchste weltliche oder geistliche Macht Verwendung findet.

Traditionelle Bedeutung der Farben

Diese Farben haben natürlich allesamt ihre traditionellen Bedeutungen. So steht Rot für die Eigenschaften Mut, Stärke und Liebesfähigkeit. Der dazugehörige »Familienedelstein« ist der Rubin. Grün steht für den Smaragd sowie Ruhm, Treue und Ehre. Die Farbe Blau ist dem Saphir zugeordnet und steht stellvertretend für Freiheit, Gesundheit und Hoffnung. Schwarz steht naturgemäß für todbringend, Trauer und charakterliche Stärke – der dazu gehörende Edelstein ist der Diamant. Gold entspricht dem Topas und steht darüber hinaus für Reichtum und Herrlichkeit, während Silber mit der Perle assoziiert wird und sowohl für Unschuld als auch für Weisheit als Symbol gilt.

Zum besseren Verständnis: Die Farbe Rot findet sich in vielen Wappen sehr alter Rittergeschlechter, die auf Krieg und Kampf spezialisiert waren. Raubritter und auch Söldner bevorzugten häufig die »todbringende« Farbe Schwarz, in vielen Bauernwappen findet sich das »freiheitlich leuchtende« Blau, und zahlreiche Gelehrte schmückten sich mit der »weisen« Farbe Silber. Sie sehen schon, Wappen waren mehr als nur schmückendes Beispiel, sie verwiesen sehr eindringlich auf die Geschichte der Familie und sind damit natürlich auch für den Genealogen von hohem Wert.

Für den Hintergrund des Wappens waren generell sechs Farben vorgesehen: Grün, Blau, Rot, Schwarz, Gold und Silber. Dabei verkörpert jede Farbe eine ganz bestimmte Eigenschaft. Rot stand beispielsweise für Mut, Stärke und Liebesfähigkeit.

Wappenverschmelzung

Grundsätzlich gilt, dass in einem »reinen« Wappen – zumindest im so genannten »Kernwappen« – nur zwei Farben verwendet werden dürfen: eine natürliche Farbe sowie eine metallische. In den Jahrhunderten kam es aber durch adlige Heiraten, durch Eroberungen und Assimilierungen zu »Wappenverschmelzungen«. Dabei handelt es sich um Wappen, die zwei, drei oder mehr verschiedene Felder aufweisen. So mag rechts oben z. B. ein thüringisches Adelsgeschlecht seinen Platz gefunden haben, in der linken unteren Ecke findet sich ein sächsisches und rechts unten steht das Wappen einer brandenburgischen Familie. Die Verbindung dieser drei Häuser wurde also heraldisch so vorgenommen, dass alle drei Wappen in einem einzigen zusammengefasst wurden. Dabei kamen natürlich alle in den ursprünglichen Wappen vorhandenen Farben wieder »zum Einsatz«. Historisches Nacheinander findet also ein bildliches Nebeneinander und macht Geschichte sichtbar.

Die Geschichte brachte natürlich Heiraten zwischen den Adelsgeschlechtern oder Eroberungen mit sich, die dazu führten, dass die entsprechenden Wappen zusammengefasst wurden. Die verschiedenen Felder in einem Wappen machen dies deutlich.

Unifarbene Darstellung und Farbregeln

Nun mag es bei Ihren Nachforschungen vorkommen, dass Sie auf ein Wappen stoßen, das in einem alten Buch leider nur schwarzweiß aufgezeichnet ist, oder Sie finden eine Wappenschraffur an einer Hauswand, deren Farben schon längst abgeblättert sind. Auch für die unifarbige Darstellung der Wappen mittels Linien gibt es feste Regeln.
So wird die Farbe Rot stets durch senkrechte Linien gekennzeichnet (||), Blau weist eine waagrechte Schraffur auf (–), Grün verläuft diagonal von links oben nach rechts unten (\\), Schwarz wird entweder ganz schwarz oder gegittert dargestellt (#), Gold ist gepunktet (: :) und Silber bleibt gänzlich weiß und weist überhaupt keine Schraffur auf.

Auch die Anordnung der Farben ist in der Heraldik strengen Regeln unterworfen. Grundsätzlich gilt, dass die
»natürliche« Farbe immer auf der »metallischen« Farbe
steht oder die metallische auf oder neben der natürlichen
Farbe. Eine Farbe muss stets als Hintergrund dienen.

Lediglich die katholische Kirche gönnte sich eine Ausnahme von dieser Regel. Im Wappen des Vatikans nämlich
steht ein goldenes neben einem silbernen Feld, wobei auf
dem zweiten die Tiara (Papstkrone) und die Schlüssel des
heiligen Petrus abgebildet sind. Das ist natürlich in voller
Absicht gestaltet worden, die Farbwahl symbolisierte die
von Gott verliehene, höchste Autorität der Kirche.

Stilbrüche in der Heraldik

So streng die Regeln der Heraldik auch sind, so gibt es immer wieder auch erstaunliche »Stilbrüche«: So hatte man
sich seinerzeit offensichtlich überhaupt keine Gedanken
um die Farben der so genannten Schildfiguren gemacht
oder aber sich bewusst nicht um Realitätsnähe bemüht. So
kann der Löwe zwar durchaus seine natürliche gelbe Farbe
haben – er darf aber auch rot, blau oder schwarz sein, was
nicht selten der Fall ist.

Eine Erklärung für diese unerwartete »Freizügigkeit« wird
man nicht finden. Allerdings verweisen Heraldiker gerne
auf die Tatsache, dass zu den ersten beliebten Schildfiguren auch die Drachen gezählt wurden. Diese Fabelwesen
jedoch hatten in vielen Sagen und Mythen gänzlich unterschiedliche Farben – mal rot glühend, mal pechschwarz,
mal schwefelgelb –, sodass es gänzlich unmöglich war,
sich auf eine ganz bestimmte Farbe bei der Darstellung
eines Drachens festzulegen. Wenn man für die Abbildung
von Drachen auf Wappen also schon die künstlerische
Freiheit gestattete, warum dann nicht auch für die anderen
Symboltiere, etwa für Löwen?

**Eine realitätsnahe
Gestaltung der Schild-
figuren war damals
nicht unbedingt nötig.
Die künstlerische
Freiheit hinsichtlich der
Symboltiere auf den
Schilden ermöglichte
beispielsweise auch
rote, blaue oder
schwarze Löwen.**

Die heraldische Fachsprache

Es gibt – und damit kommen wir nun zur heraldischen Fachsprache – verschiedene Bezeichnungen für unterschiedliche Wappengruppen, die ich Ihnen auf den folgenden Seiten vorstellen möchte.

Redende Wappen

Durch Ihr Symbol geben sie Auskunft über den Namen des Trägers. Bestes Beispiel ist der Aal im Aalener Stadtwappen, aber auch der Bär im »Bärliner« (Berliner) Wappen weist den Betrachter auf den Stadtnamen hin.

Allianzwappen

Dies sind Wappen, die durch den Zusammenschluss zweier oder die Verschmelzung mehrerer Adelshäuser entstanden sind. Wenn dies durch eine Heirat geschah, so gilt die Regel, dass das Wappenschild des Mannes auf der linken Seite (heraldisch gesehen allerdings rechts) und seitenverkehrt dem Wappen der Frau (rechts) zugeneigt ist.

Landeswappen

Hier handelt es sich um Wappen, in denen verschiedene wappenführende Regionen innerhalb eines einzigen Wappens zusammengeführt wurden. Üblich waren diese Wappen im Deutschen Reich noch bis 1918, wobei es durch die Zusammenführungen manchmal Wappen mit mehr als 25 verschiedenen Feldern gab.

Gemeinschafts- oder Gesellschaftswappen

Darunter versteht man die Wappen, die weder von echten Personen noch von Kommunen oder Regionen benutzt werden, sondern Wappen von so genannten »juristischen

In der Heraldik ist Wappen nicht gleich Wappen, vielmehr unterscheidet man zwischen verschiedenen Wappenarten. So gibt das redende Wappen Aufschluss über den Namen des Trägers, während das Landeswappen mit seinen vielen Feldern darüber informiert, welche Regionen sich zusammengeschlossen haben.

Personen«. Darunter versteht man Vereinswappen, Ordenswappen oder auch die Wappen der Handwerkszünfte oder der Logen.

Anspruchswappen

Diese Wappenart ist auf eigenen Feldern in Landeswappen enthalten und kennzeichnet eine politisch komplizierte Situation. Mit diesen Anspruchswappen wurde nämlich signalisiert, dass der jeweilige Staat einen Anspruch auf ein bestimmtes Gebiet hatte, das aber momentan nicht zu seinen Hoheitsgebieten gehörte. Ein gutes Beispiel aus der heutigen Zeit wäre das Wappen der spanischen Königsfamilie. Dort könnte auch das Wappen von Gibraltar stehen, auf das Spanien einen Anspruch zu haben glaubt, das aber nach wie vor unter britischer Verwaltung steht.

Auch politische Ansprüche, die geltend gemacht wurden, konnten in einem Wappen zum Ausdruck gebracht werden.

Amtswappen

Das sind Wappen, die in öffentlichen Dokumenten auftauchen und von Kommunen, Landkreisen oder auch Regierungsbezirken geführt werden. Sie sind eine Art »Echtheitssiegel« – Missbrauch oder illegale Verwendung stehen unter Strafandrohung. Als Amtswappen gelten im Übrigen auch die Wappen von Äbten und Bischöfen.

Auf öffentlichen oder in kirchlichen Dokumenten finden sich häufig so genannte Amtswappen, die die Autorität der jeweiligen Institution untermauern.

Gemeindewappen

Diese Wappen sind in den letzten Jahrzehnten stark in Mode gekommen. Sie werden von Dörfern, Stadtteilen und Städten gleichermaßen verwendet und bemühen sich darum, heimatlich-historische Züge aufzugreifen und wiederzugeben. Auf Ihnen sind teilweise recht ungewöhnliche Motive zu sehen. Vor allem junge Gemeinden ohne lange Tradition verwenden gerne bestimmte, Aufsehen erregende Bauwerke als entsprechende Wappensymbole: vom Fernsehturm bis zum Rathaus.

Hausmarken

Sie kommen den Wappen sehr nahe, sind aber in der Regel keine echten Wappen. Achtung: Unterscheiden Sie stets, ob an die Hauswand das Familienwappen angebracht wurde oder »nur« eine so genannte Hausmarke.

Die Letzteren finden sich zumeist über Türstöcken und galten in den mittelalterlichen Städten als eine Art »Gütesiegel« der Handwerker, die mit ihren Hausmarken ihr Geschäft von anderen abgrenzen wollten. Zuweilen wurden die entsprechenden Zeichen sogar als Siegel oder Unterschriftenersatz benutzt.

Diese Marken unterlagen keinen strengen heraldischen Regeln und waren auch nur in begrenztem Rahmen vererbbar: Nur der älteste Sohn durfte die Hausmarke weiterführen, alle anderen Kinder mussten zumindest kleine Veränderungen am ursprünglichen Symbol vornehmen.

Wenn Sie bei Gelegenheit einmal mit offenen Augen durch das alte Zentrum eines Ortes gehen und dort mehrere, sich recht ähnlich sehende Hausmarken finden, dann können Sie getrost davon ausgehen, dass sich eine Familie in der betreffenden Stadt eines nicht geringen Einflusses und Grundbesitzes erfreute.

Über Schlosseingängen finden sich zumeist die Familienwappen, während über Hauseingängen oftmals so genannte Hausmarken angebracht wurden. Diese Hausmarken konnten nur auf den ältesten Sohn übertragen werden und unterlagen nicht den strengen heraldischen Regeln.

Blasionierung

Darunter versteht man die genaue Beschreibung des Wappens. Dabei müssen Sie zunächst umdenken, denn bei der Blasionierung geht man immer von der Sicht des Schildträgers und nicht von der des Betrachters aus.

Wenn Sie ein Wappen vor sich liegen haben, dann meint rechts links und links meint rechts. Das ist zwar zunächst recht verwirrend. Wenn es Ihnen jedoch schwer fällt, dann können Sie die rechte (aus Ihrer Sicht die linke) Wappenseite auch als »vorne« bezeichnen. Auch dies hat sich in der Fachsprache eingebürgert.

Für die Beschreibung des Wappens gilt folgende Reihenfol-
ge: von rechts nach links und von oben nach unten.
Vergleichweise einfach ist die Beschreibung des Helms.
Kübelhelm, Stechhelm, Topfhelm oder Bügelhelm? Was ist
auf dem Helm angebracht? Enthält ein so genanntes
»Oberwappen« (oberhalb des Kernwappens) mehrere Helme (bei Allianzwappen zuweilen der Fall), dann beschreiben Sie diese von rechts nach links.

Es folgt die Beschreibung der Helmzier (Federn, Hörner
o. ä.) beginnend mit Farbe und Form. Sollte es sich hierbei
um Figuren oder Gegenstände handeln, verfahren Sie der
Größe nach.

Die letzten Schritte der Blasionierung sind die Beschreibung der Helmdecke, wobei vor allem die Beschaffenheit
der Innen- und Außenseite von Belang ist, sowie die möglicherweise vorhandenen »Nebenteile« des Wappens: Gibt es
besondere Verzierungen, als beispielsweise (Girlanden,
Schleifen oder Ähnliches)?

Unter Blasionierung versteht man in der Heraldik das »Lesen« bzw. das Beschreiben der Wappen. Dabei folgt man ebenfalls bestimmten Regeln.

Über Türstöcken und Hausportalen finden sich häufig architektonische Verzierungen, die von einer einfachen Haus-marke bis zum kunst-vollen Wappenzeichen reichen können.

137

Heroldsbilder

Dies beinhaltet die abstrakte Unter-
teilung eines Wappens in verschie-
dene geometrische Felder. Ein gutes
Beispiel hierfür sind die weißblauen
Rauten im Wappen des bayerischen
Freistaats.

**Auch figürliche Dar-
stellungen in einem
Wappen – wie Tiere,
Waffen, Werkzeuge und
dergleichen mehr –
folgten einer festgeleg-
ten Gesetzmäßigkeit,
wobei auf Über-
schaubarkeit geachtet
wurde, sodass bei
Wappenvereinigungen
manche Figuren wieder
eleminiert wurden.**

Gemeine Figuren

Dabei handelt es sich um »Wappenfiguren«, die ihre Vorbilder in der Natur haben: Tiere, Menschen, Pflanzen, Bauwerke, Bäume, Gestirne, Waffen oder Werkzeuge, Gewäs-
ser, aber durchaus auch an natürliche Vorbilder angelehnte
Fabelwesen. Gemeine Figuren dürfen die Seitenränder des
Wappens nicht berühren und sollten zumeist im Profil
(nach rechts gewandt) dargestellt werden. Mehr als drei,
höchstens vier »gemeine Figuren« sollte im Übrigen selbst
ein Allianzwappen nicht enthalten – ansonsten entbehrt es
jeglicher Übersichtlichkeit.

So wurden bei manchen »Wappenverbindungen« manche
Figuren – vor allem wenn sie doppelt oder dreifach vorhanden waren – zugunsten der besseren Überschaubarkeit ge-
opfert. Konkret heißt dies: Im Wappen des Mannes waren
bereits drei Löwen enthalten. Der Löwe im Wappen der
Frau wurde weggelassen, und lediglich die Heroldsbilder
und die Grundfarben blieben erhalten.

Einfache Teilung

Als einfache Teilung bezeichnet man
die Gliederung des Schildes von
rechts nach links.
Auf diesen beiden Wappenfeldern
können sich geometrische Felder
oder Wappensymbole befinden.

Einfache Spalung

Dieser Begriff beinhaltet die Unterteilung des Heroldsbildes in zwei Felder von oben nach unten.

Vierung

Diese Bezeichnung umfasst die Aufteilung eines Wappens in vier verschiedene Wappenfelder.

Darüber hinaus existieren noch weitere Teilungsmöglichkeiten, die aber seltener vorkommen: Drittelung, schräge Teilung, bogenförmige Teilung.

Hinsichtlich der Feldunterteilungen in einem Wappen unterscheidet die Heraldik zwischen Einfacher Teilung und Spaltung oder Vierung.

Wappenrecht

Wappenrecht existiert bis heute und legt seit dem Mittelalter fest, wer Wappen führen darf. Zwar sind die Bestimmungen heute bei Weitem nicht mehr so streng, denn in einer Demokratie ist theoretisch jeder berechtigt ein Wappen zu führen und muss nicht darauf warten, dass es ihm verliehen wird.

Bestimmte Regeln gelten aber weiterhin. So ist bis heute gesetzlich verankert, dass niemand ein Wappen führen darf, das bereits bei einem anderen in Gebrauch ist. Bei Wappenmissbrauch drohen empfindliche Geldstrafen. Sollte es sich um den Missbrauch von so genannten Amtswappen handeln, droht sogar eine Anklage wegen Urkundenfälschung oder Betrug.

Gehen Sie auf Nummer sicher: Vor der illegitimen Verwendung des eigenen Wappens durch Fremde können Sie sich schützen; am besten durch die Eintragung in die so genannte Wappenrolle einer heraldischen Vereinigung. Dieser Eintrag stellt dann eine Art »Copyright« für Ihr Wappen dar und wird unter Interessenten und Fachleuten bundesweit publik gemacht.

Prinzipiell ist heutzutage jeder Bürger berechtigt, ein eigenes Wappen zu führen. Allerdings sind hier einige Regeln zu beachten, um eventuellen Wappenmissbrauch zu vermeiden.

Das eigene Wappen

Nicht wenige Familienforscher träumen im Laufe Ihrer Arbeit davon, ein eigenes Familienwappen zu besitzen. Das muss kein Traum bleiben. Nun mag der eine oder andere Skeptiker fragen, wozu ein eigenes Wappen denn gut sein soll. Nun, Sie könnten es auf Visitenkarten und Briefbögen drucken lassen, es schmückt als Gravur Besteck, Zinngeschirr und Wandteller, könnte als Vorlage für Siegel oder Siegelring dienen und macht sich gut als Schmuck in Broschen-, Ketten- oder Ringform. Ein Wappen ist heute nicht mehr zwangsläufig ein Statussymbol. Ein phantasie- und liebevoll gestaltetes Wappen beweist vielmehr Kreativität und eine gewisse Freude am Umgang mit Traditionen.

Wenn Sie im Lauf Ihrer Nachforschungen auf ein Familienwappen stoßen, sind Sie nicht automatisch zur Führung dieses Wappens berechtigt.

Wege zum Familienwappen

Es gibt eigentlich nur zwei sinnvolle Wege, zum eigenen Familienwappen zu kommen. Sie könnten im Zuge Ihrer genealogischen Forschungen auf das traditionelle Wappen Ihrer Familie gestoßen sein und dieses wieder annehmen oder Sie »stiften« ein vollständig neues Wappen.

Der erste Weg ist sicher der einfachere, doch dazu benötigen Sie ein wenig Glück bei der Recherche. Sie müssen auch sehr darauf achten, ob das Wappen nicht bereits in Gebrauch ist. Dann könnten Sie selbst es nur mit ausdrücklicher persönlicher Einwilligung des Wappenhändlers führen. Und selbst wenn das nicht der Fall ist und Sie im Zuge Ihrer Forschungen auf ein Familienwappen stoßen, bedeutet dies noch lange nicht, dass es sich automatisch um dasjenige Ihrer Stammlinie handelt. Um die Aufnahme in die Wappenrolle zu erhalten, müssen Sie zunächst eindeutig Ihre Abstammung in direkter männlicher Linie zum letzten bekannten Wappenträger nachweisen.

Wenn Sie sich selbst ein Wappen zulegen möchten, sollten Sie auf jeden Fall professionelle Hilfe annehmen. Zwar sind Sie möglicherweise – nicht zuletzt dank den vorangegangenen Seiten – in der Lage, einen Entwurf zu kreieren, doch werden Sie schnell feststellen, dass die Ausarbeitung eines solchen sich recht kompliziert darstellt.

Gestaltung eines Wappens

Auf folgende Faktoren sollten Sie bei der Gestaltung Ihres eigenen Wappens achten: Es sollte einen Bezug zu Ihnen oder zu Ihren Vorfahren haben – vor allem jedoch zu Ihrer Profession (Beruf). Dies nämlich entspricht dem Geist der »bürgerlichen« Wappen. Als sehr persönliches Beispiel darf ich Ihnen mein Wappen ans Herz legen, das unter anderem eine rote Schreibfeder auf schwarzem Grund als Symbol beinhaltet. Möglich ist auch ein Bezug zum Schicksal der Familie, wobei bei der entsprechenden Symbolsuche natürlich schon wesentlich mehr Kreativität gefragt ist. Zuweilen ist es auch sehr schön, die Initialen des Namens als Schildfigur zu verwenden – eine entsprechend kunstvolle Schreibweise vorausgesetzt. Und Sie können natürlich auch auf alte Hausmarken zurückgreifen, wenn Sie bei Ihren genealogischen Forschungen auf solche gestoßen sind. Das steigert den »Wert« Ihres Wappens, denn Sie setzen damit eine Tradition Ihrer Familie fort.

Noch einmal zum Thema »fachkundige Hilfe«: Diese sollten Sie schon deshalb in Anspruch nehmen, um Wappenmissbrauch zu vermeiden. Dabei helfen Ihnen Heraldikinstitute gerne (siehe Adressenliste).

Nicht vergessen: Erst wenn das Wappen in die offizielle Wappenrolle einer heraldischen Organisation aufgenommen ist, haben Sie Sicherheit, dass der Entwurf heraldisch unbedenklich und für Ihre Nachkommen gesichert ist.

Sollten Sie sich ein eigenes Familienwappen zulegen wollen, ist es ratsam, auf professionelle Hilfe zurückzugreifen, um den Eintrag in die Wappenrolle sattelfest zu machen.

Anhang/Ansprech-partner und Adressen

Jeder Familienforscher kommt irgendwann an einen Punkt, an dem er fremde Hilfe in Anspruch nehmen muss. Dies sollte am besten dort geschehen, wo »Gleichgesinnte« tätig sind – also bei genealogischen Vereinen und Institutionen in Deutschland oder auch im Ausland. Für eine Bitte um Auskunft oder bei der Nachfrage nach einem Tipp ist es übrigens in aller Regel nicht erforderlich, dass Sie Mitglied des betreffenden Vereins werden, doch es könnte sich in Zukunft durchaus als nützlich erweisen, sich möglicherweise einer Vereinigung anzuschließen, die sich mit Forschungen in Ihrem regionalen Umfeld beschäftigt.

Neben den Anschriften der genealogischen Institutionen werden im Folgenden auch die wichtigsten Archive, Zeitschriften und die relevante Literatur zum Thema aufgezählt. Die Aufzählung erfolgt dabei alphabetisch – geordnet nach den jeweiligen Adressen – und erhebt trotz gründlicher Recherche keinen Anspruch auf Vollständigkeit. Dies ist leider kaum möglich, da in jedem Jahr mehrere genealogische Vereine hinzukommen, was wiederum für die wachsende Popularität der Thematik spricht.

Bei allen genealogischen Anfragen sollten Sie immer beachten: Telefonische Anfragen verlaufen schnell im Sande. Richten Sie Ihre Anfragen schriftlich und mit möglichst präzisen Angaben an ein Archiv, einen Verein oder an andere Familienforscher.

Überregionale genealogische Vereine und Einrichtungen in der Bundesrepublik Deutschland

Bad Karlshafen: Deutsche Hugenotten-Gesellschaft, Hafenplatz 9a, 34385 Bad Karlshafen

Bensheim: Institut für Personengeschichte, Hauptstraße 65, 64625 Bensheim

Berlin: Herold, Verein für Heraldik, Genealogie und verwandte Wissenschaften, Archivstraße 12–14, 14195 Berlin

Bild links: Auch wenn viele Archive und Bibliotheken auf den ersten Blick erschlagend wirken – wer genau weiß, was er sucht, wird auch fündig werden.

Berlin: Verein zur Förderung der Zentralstelle für Perso-
nen- und Familiengeschichte, Archivstraße 12–14,
14195 Berlin

Bielefeld: Salzburger Verein, Vereinigung der Nachkommen salzburgischer Emigranten, Memeler Straße 35,
33605 Bielefeld

Bolanden: Mennonitischer Geschichtsverein, Klosterhof,
67295 Bolanden

Bretten: Dr. Otto-Beuttenmüller-Bibliothek der Stadt
Bretten (Forschungszentrum für Genealogie), Altes Rathaus, Marktplatz 1, 75015 Bretten

Brühl: Personenstandsarchiv Brühl, Schlossstraße 12,
50321 Brühl

Brühl: Deutsche Arbeitsgemeinschaft genealogischer
Verbände (DAGV), Schlossstraße 12, 50321 Brühl

Dortmund: Roland zu Dortmund, Genealogisch-Heraldische Arbeitsgemeinschaft, Postfach 4012,
58222 Schwerte

Münster: Bund der Familienverbände, Rektoratsweg
123/25, 48159 Münster

Erlangen: Genealogischer Kreis der Kameradschaft
Siemens-Erlangen, Telefon 0 91 35/15 60

Frankfurt (a. Main): Genealogie-Forschungsstelle
der Genealogischen Gesellschaft von Utah,
Eckenheimer Landstraße 262-264,
60435 Frankfurt

Leipzig: Deutsche Zentralstelle für Genealogie, Schongauer Straße 1, 04329 Leipzig

Marburg (Lahn): Deutsches Adelsarchiv, Schwanallee 21,
35037 Marburg

Peine: Gruppe Familien- und Wappenkunde im Bundes-
bahn Sozialwerk, Weißdornstraße 10, 31228 Peine

Stuttgart: Pro Heraldica, Julius-Hölder-Straße 48,
70597 Stuttgart

Regionale genealogische Vereine und Einrichtungen in der Bundesrepublik Deutschland

Aurich: Upstalsboom-Gesellschaft für historische Personenforschung und Bevölkerungsgeschichte, Fischteichweg 16, 26603 Aurich

Berlin: Interessengemeinschaft Genealogie Berlin, Breite Straße 36, 10178 Berlin

Bremen: Die Maus, Gesellschaft für Familienforschung, Am Staatsarchiv 1/Fedelhören, 28203 Bremen

Darmstadt: Hessische Familiengeschichtliche Vereinigung, Schloss (Staatsarchiv), 64289 Darmstadt

Göttingen: Genealogisch-Heraldische Gesellschaft, Postfach 2062, 37010 Göttingen

Hagen: Arbeitskreis für Familienforschung im Hagener Heimatbund, Eilper Straße 71–75, 58091 Hagen

Halle: Hallescher Familienforscher Ekkehard, Clara-Zetkin-Straße 16, 06114 Halle-Neustadt

Hamburg: Genealogische Gesellschaft, Postfach 30 20 42, 20307 Hamburg

Hannover: Familienkundliche Kommission für Niedersachsen, Bremen und die angrenzenden ostfälischen Gebiete, Steinfeldstraße 34, 30826 Garbsen

Hannover: Niedersächsischer Landesverein für Familienkunde, Am Bokemahle 14–16 (Stadtarchiv), 30171 Hannover

Kassel: Gesellschaft für Familienkunde in Kurhessen und Waldeck, Postfach 10 13 46, 34013 Kassel

Schleswig: Schleswig-Holsteinische Familienforschung (Landesarchiv Schleswig-Holstein), Prinzenpalais, 24837 Schleswig

Kleve: Mosaik – Familienkundliche Vereinigung für das Klever Land, Lindenallee 54, 47533 Kleve

Köln: Westdeutsche Gesellschaft für Familienkunde, Unter Gottes Gnaden 34, 50859 Köln-Widdersdorf

Weitere wichtige Forschungsadressen erhalten Sie bei genealogischen Vereinen, die Ihnen auch in Einzelfragen weiterhelfen können. Zudem können Sie hier viele Kontakte knüpfen, die für Ihre genealogische Arbeit fruchtbar sein können.

Leipzig: Leipziger Genealogische Gesellschaft, Buchenweg 25, 04420 Göhrens

Ludwigshafen: Arbeitsgemeinschaft für Pfälzisch-Rheinische Familienkunde, Rottstraße 17, 67061 Ludwigshafen

Lübeck: Verein für Familienforschung, Mühlentorplatz 2, 23552 Lübeck

Magdeburg: Arbeitsgemeinschaft Genealogie Magdeburg, Thiemstraße 7, 39104 Magdeburg

München: Bayerischer Landesverein für Familienkunde, Ludwigstraße 14/1 (Hauptstaatsarchiv), 80539 München

Münster: Westfälische Gesellschaft für Genealogie und Familienforschung, Jahnstraße 26, 48147 Münster

Nürnberg: Gesellschaft für Familienforschung in Franken, Archivstraße 17 (Staatsarchiv), 90408 Nürnberg

Oldenburg: Oldenburgische Gesellschaft für Familienkunde, Lerigauweg 14, 26131 Oldenburg

Plauen: Arbeitskreis vogtländischer Familienforscher im Verein für vogtländische Geschichte, Volks- und Landeskunde. Mommsenstraße 18, 08523 Plauen

Saarbrücken: Arbeitsgemeinschaft für Saarländische Familienkunde, Hebbelstraße 3, 66346 Püttlingen

Stuttgart: Verein für Familien- und Wappenkunde in Württemberg und Baden, Postfach 10 54 41, 70047 Stuttgart

Wiesbaden: Familienkundliche Gesellschaft für Nassau und Frankfurt, Mosbacher Straße 55, 65187 Wiesbaden

Wuppertal: Bergischer Verein für Familienkunde, Zanellastraße 52, 42287 Wuppertal

Würzburg: Staatsarchiv Würzburg, Residenz-Nordflügel, 97070 Würzburg

Genealogische Fachzeitschriften sind ein wichtiges Organ für Familienforscher. Hier enthalten Sie die neuesten Erkenntnisse aus der langjährigen Arbeit der genealogischer Vereine.

Auswahl weltweit wichtige Archive für Familienforscher

Sollte Ihre Stadt in der folgenden Liste nicht aufgezählt sein, so muss dies nicht zwangsläufig bedeuten, dass dort kein Archiv besteht. Aus Platzgründen konnten nur die wichtigsten und größten Archive berücksichtigt werden. Sollten Sie also nicht fündig geworden sein, so wäre Ihr erster Ansprechpartner die entsprechende Stadtverwaltung oder auch die Stelle für Öffentlichkeitsarbeit (oder »Bürgerbegehren«) beim jeweiligen Landratsamt oder sogar bei der Landesregierung. Allerdings empfiehlt es sich auf jeden Fall, derartige Anfragen schriftlich zu formulieren, denn ansonsten – so lehrt es die Erfahrung – verbringen Sie zuweilen halbe Tage frustriert in einer telefonischen Warteschleife.

Deutschland

Aachen: Bischöfliches Diözesanarchiv, Klosterplatz 7, 52062 Aachen

Augsburg: Archiv des Bistums Augsburg, Hafnerberg 2/II, 86152 Augsburg

Aurich: Niedersächsisches Staatsarchiv, Oldersumer Straße 50, 26603 Aurich

Berlin: Evangelisches Zentralarchiv in Berlin, Bethaniendamm 29, 10997 Berlin

Berlin: Stiftung Neue Synagoge Berlin, Archiv, Oranienburger Straße 28–30, 10117 Berlin

Berlin: Diözesanarchiv Berlin, Bethaniendamm 29, 10997 Berlin

Berlin: Landesarchiv, Eichborndamm 115–121, 13403 Berlin

Berlin: Archiv der Deutschen Staatsbibliothek, Unter den Linden 8, 10117 Berlin

Bielefeld: Archiv des Landeskirchenamtes der Evangelischen Kirche von Westfalen, Altstädter Kirchplatz 4, 33602 Bielefeld

Bonn: Stiftung Haus der Geschichte, Museumsmeile, Willy-Brandt-Allee 14, 53113 Bonn

Von Digitalisierung können die meisten Archive nur träumen. In vielen Fällen wird es Ihnen nicht erspart bleiben, sich durch dicke Aktenberge zu wühlen. Hierbei ist es ratsam, das Forschungsinteresse schon vorab möglichst genau einzugrenzen.

Ihre Anfrage sollten Sie
auch immer so weit
fassen, dass Sie um
mögliche Hinweise auf
andere Archive oder
Bibliotheken bitten, in
denen Sie auch fündig
werden könnten.

Brandenburg: Domstift Brandenburg – Archiv und Bibliothek, Burghof 9, 14776 Brandenburg

Braunschweig: Archiv der Braunschweigischen Evangelisch-Lutherischen Landeskirche, Postfach 1664, 38286 Wolfenbüttel

Bremen: Staatsarchiv Bremen, Am Staatsarchiv 1, 28203 Bremen

Darmstadt: Hessisches Staatsarchiv, Karolinenplatz 3, 64289 Darmstadt

Darmstadt: Zentralarchiv der Evangelischen Kirchen in Hessen und Nassau, Ahastraße 5a, 64285 Darmstadt

Dessau: Archiv der Evangelischen Landeskirche Anhalts, Radegaster Straße 10, 06842 Dessau

Detmold: Archiv der Lippischen Landeskirche, Leopoldstraße 27, 32756 Detmold.

Dresden: Kirchenbuchamt beim Ev.-Luth. Kirchengemeindeverband Dresden, Markusstraße 2, 01127 Dresden

Dresden: Sächsisches Staatsarchiv, Postfach 10 04 44, 01074 Dresden

Düsseldorf: Nordrhein-Westfälisches Hauptstaatsarchiv, Postfach 32 07 75, 40476 Düsseldorf

Düsseldorf: Archiv der Evangelischen Kirche im Rheinland, Hans-Böckler-Straße 7, 40476 Düsseldorf

Eichstätt: Diözesanarchiv, Luitpoldstraße 1, 85072 Eichstätt

Eisenach: Archiv des Landeskirchenrats der Evangelisch-Lutherischen Kirche in Thüringen, Pflugensberg, 99817 Eisenach

Essen: Bistumsarchiv, Zwölfling 16, 45127 Essen

Freiburg: Erzbischöfliches Archiv, Herrenstraße 35, 79098 Freiburg

Freiburg: Bundesarchiv (Abteilung: Militärarchiv) Wiesenthalstraße 10, 79115 Freiburg

Görlitz: Konsistorium der evangelischen Kirche der schlesischen Oberlausitz, Schlaurother Straße 11, 02827 Görlitz

Greifswald: Landeskirchliches Archiv der Evangelischen Landeskirche Greifswald, Bahnhofsstraße 35, 17489 Greifswald

Hamburg: Landeskirchliches Archiv, Grindelallee 7, 20146 Hamburg

Hamburg: Staatsarchiv Hamburg, Kattunbleiche 19, 22041 Hamburg

Hannover: Landeskirchliches Archiv, Goethestraße 27, 30169 Hannover

Hannover: Niedersächsisches Hauptstaatsarchiv, Am Archiv 1, 30169 Hannover

Hildesheim: Bistumsarchiv, Postfach 10 02 63, 31134 Hildesheim

Kaiserslautern: Archiv des Instituts für Pfälzische Geschichte und Volkskunde, Benzinoring 6, 67657 Kaiserslautern

Karlsruhe: Evangelisches Landeskirchenarchiv, Blumenstraße 1, 76133 Karlsruhe

Karlsruhe: Generallandesarchiv, Nördliche Hildapromenade 2, 76133 Karlsruhe

Kiel: Nordelbisches Kirchenarchiv, Postfach 34 49, 24033 Kiel

Koblenz: Bundesarchiv, Koblenz Kartause, Potsdamer Straße 1, 56075 Koblenz

Koblenz: Landeshauptarchiv, Karmeliterstraße 1–3, 56068 Koblenz

Köln: Historisches Archiv des Erzbistums Köln, Gereonstraße 2–4, 50670 Köln

Leer: Archiv des Evangelisch-Reformierten Landeskirchenamtes, Saarstraße 6, 26789 Leer

Leipzig: Städtisches Staatsarchiv, Zentralstelle für Genealogie, Schongauer Straße 1, 04328 Leipzig

Bürgerbücher, Steuerlisten und Gerichtsprotokolle werden meist in städtischen Archiven verwahrt. Auf Anfrage hilft auch das Archiv der jeweiligen Landesregierung weiter.

Limburg: Diözesanarchiv, Weilburger Straße 16, 65549 Limburg

Magdeburg: Zentralarchiv für die Kirchenprovinz Sachsen, Am Dom 2, 39104 Magdeburg

Mainz: Dom- und Diözesanarchiv, Postfach 15 60, 55116 Mainz

Merseburg: Zentrales Hauptstaatsarchiv der ehemaligen DDR, König-Heinrich-Straße 37, 06217 Merseburg

München: Bayerisches Hauptstaatsarchiv, Postfach 200 507, 80005 München

München: Archiv des Erzbistums München und Freising, Postfach 33 03 60, 80063 München

Münster: Staatsarchiv, Bohlweg 2, 48147 Münster

Münster: Bistumsarchiv, Georgskommende 19, 48143 Münster

Nürnberg: Landeskirchliches Archiv, Postfach 25 04 29, 90489 Nürnberg

Oldenburg: Niedersächsisches Staatsarchiv in Oldenburg, Damm 43, 26135 Oldenburg

Osnabrück: Niedersächsisches Staatsarchiv, Schlossstraße 29, 49074 Osnabrück

Osnabrück: Archiv des Bischöflichen Generalvikariats, Hasestraße 40a, 49074 Osnabrück

Paderborn: Archiv des Erzbischöflichen Generalvikariats, Domplatz 3, 33098 Paderborn

Passau: Bischöfliches Ordinariatsarchiv, Residenzplatz 8, 94032 Passau

Regensburg: Bischöfliches Zentralarchiv, St. Petersweg 11, 93047 Regensburg

Rottenburg: Diözesanarchiv, Bischöfliches Ordinariat, Eugen-Bolz-Platz 5, 72108 Rottenburg

Saarbrücken: Landesarchiv, Dudweilerstraße 1, 66133 Saarbrücken

Auch Gerichtsprotokolle können für Familienforscher sehr aufschlußreich sein, enthalten sie doch zahlreiche Informationen zu den Lebensumständen der Prozessbeteiligten.

Schleswig: Schleswig-Holsteinisches Landesarchiv,
Schloss Gottorf, 24837 Schleswig

Schwerin: Landeskirchliches Archiv, Postfach 11 04 07,
19055 Schwerin

Schwerin: Mecklenburgisches Landeshauptarchiv, Graf-
Schack-Allee 2, 19055 Schwerin

Stade: Niedersächsisches Staatsarchiv in Stade, Am
Sande 4c, 21682 Stade

Stuttgart: Hauptstaatsarchiv, Konrad-Adenauer-Straße 4,
70173 Stuttgart

Stuttgart: Landeskirchliches Archiv, Gänsheidestraße 4,
70184 Stuttgart

Trier: Bistumsarchiv, Jesuitenstraße 13c, 54290 Trier

Weimar: Staatsarchiv, Marstallstraße 2, 99423 Weimar

Wiesbaden: Hessisches Hauptstaatsarchiv, Mosbacher
Straße 55, 65187 Wiesbaden

Wolfenbüttel: Niedersächsisches Staatsarchiv, Forstweg 2,
38302 Wolfenbüttel

Würzburg: Staatsarchiv, Residenzplatz 2,
97070 Würzburg

Würzburg: Archiv und Bibliothek des Bistums Würzburg,
Domerschulstraße 17, 97070 Würzburg

Bei Archiven, die von Ihrem Heimatort weit entfernt sind, ist eine sehr genaue Planung angeraten. Bei langfristigen Nachforschungen sollten Sie erwägen, einen Genealogen vor Ort um Hilfe zu bitten. Handeln Sie in diesem Fall eine Preisobergrenze aus.

Wichtige Archive im Ausland (eine Auswahl):

Belgien

1. Archives Generales de Royaume, 2, rue Ruysbroeck,
Bruxelles (Brüssel)
2. Office genealogique et heraldique de Belgique, Avenue
Charles Thielemans 93, B-1150 Bruxelles

Dänemark

The Danish Emigration Archives, Arkivstraed 1,
P.O. Box 1731, DK-9100 Aalboorg

Frankreich

1. Cercle genéalogique d'Alsace, 5, rue Fischart,
F-67000 Strasbourg
2. Société française d'heraldique et de sigillographie, 60,
rue de Francs-Bourgeois, F-75141 Paris cedex 03

Großbritannien

1. The federation of Family History Societies,
PO Box 2425, Coventry CV5 6YX
2. Institut of Heraldic and Genealogical Studies,
79–82 Northgate, Canterbury, Kent CT1, 1 BA

Kanada

The Royal Heraldry Society of Canada, P.O. Box 8128,
Terminal T, Ottawa, ON K1G 3H9

Luxemburg

Großherzogliches Staatsarchiv, Plateau du Saint-Esprit,
Luxembourg-Ville

Niederlande

Nederlandse Genealogische Vereniging, Postbus 26,
1380 AA Weesp

Österreich

1. Niederösterreichisches Landesarchiv, Landhausplatz 1,
A-3109 St. Pölten
2. Wiener Stadt- und Landesarchiv, Rathaus, A-1082 Wien
3. Diözesanarchiv, Wollzeile 2, A-1010 Wien
4. Karl-Franzens-Universität, Universitätsarchiv, Universi-
tätsplatz 3, A-8010 Graz
5. Tiroler Landesarchiv, Michael-Gaismair-Straße 1,
A-6020 Innsbruck
6. Kärtner Landesarchiv, St.-Ruprecht-Straße 7,
A-9020 Klagenfurt
7. Oberösterreichisches Landesarchiv, Anzengruber-
straße 19, A-4020 Linz
8. Salzburger Landesarchiv, Michael Pacher Straße 40,
A-5020 Salzburg

9. Heraldisch-Genealogische Gesellschaft Adler,
Universitätsstraße 6/9b, A-1096 Wien
10. Institut für Historische Familienforschung, Pantzer-
gasse 30/8, A-1190 Wien

Polen

1. Towarzystwo Genealiczno-Heraldyczne (Genealogisch-
Heraldische Gesellschaft), ul Wodna 27, Pl-61-781 Poznan
2. Wojewodzkie Archiwum Pantswowe w Szczecinie,
ul.Sw. Wojciecha 13, Pl-70-410 Szeczecin (Stettin)
3. Wojewodzkie Archiwum Panstwowe w Gdansku, ul.Waly
Piastowskie 5, Pl-80-958-Gdansk (Danzig)

Schweiz

1. Staatsarchiv des Kantons Bern, Falkenplatz 4,
CH-3001 Bern
2. Staatsarchiv des Kantons Basel-Stadt, Martinsgasse 2,
CH-4001 Basel
3. Schweizerische Gesellschaft für Familienforschung,
Palduinstrasse 921, Fl-9496 Balzers
4. Staatsarchiv des Kantons Schaffhausen, Rathausbogen
4, CH-8200 Schaffhausen
5. Staatsarchiv des Kantons Zürich, Winterthurer-
strasse 170/Irchelpark, CH-8057 Zürich

Vereinigte Staaten von Amerika

1. Family History Library, 35 North West Temple Street,
Salt Lake City
2. University of California, Young Research Library,
Department of Special Collections, Room A1713-
Box 951575, Los Angeles, CA 90095-1575
3. American Jewish Archives, 3101 Clifton Ave., Cincin-
nati, OH 45220

Anfragen bei Archiven im Ausland sollten nach Möglichkeit in der Landessprache erfolgen. Gelegentlich werden Sie deshalb auf einen Dolmetscher ange-wiesen sein.

Wenn Sie Informationen
zu Familienmitgliedern
im Osten Europas suchen,
dann sind Sie bei den
Heimatvertriebenen-
verbänden an der
richtigen Adresse, die
sicher auch eine Orts-
sektion in Ihrer Stadt
haben.

Wichtige Publikationen
(Zeitschriften, Blattsammlungen)

1. Hessische Familienkunde (herausgegeben von der »Hessischen Familienkundlichen Vereinigung« und der »Gesellschaft für Familienkunde in Kurhessen und Waldeck«)
2. Norddeutsche Familienkunde (gemeinsam herausgegeben von »Die Maus/Gesellschaft für Familienforschung«, der »Familienkundlichen Komission für Niedersachsen und Bremen« und dem »Niedersächsischen Landesverein für Familienkunde«)
3. Ostdeutsche Familienkunde (herausgegeben von der »Arbeitsgemeinschaft ostdeutscher Familienforscher«)
4. Computergenealogie – Magazin für Familienforschung, Genealogie-Service.de GmbH, Im Mühltal 33, 61203 Reichelsheim
5. Genealogie, Verlag Degener & Co., Am Brühl 9, 91610 Insingen
6. Familienkundliche Nachrichten, Verlag Degener & Co. Am Brühl 9, 91610 Insingen

Vertriebenen- und Flüchtlingsgenealogie

1. Arbeitsgemeinschaft für Mitteldeutsche Familienforschung, Berliner Straße 31a, 47533 Kleve
2. Arbeitsgemeinschaft ostdeutscher Familienforscher, An der Krumbach 14, 51503 Rösrath
3. Arbeitskreis Donauschwäbischer Familienforscher, Goldmühlestraße 30, 71065 Sindelfingen
4. Deutsch-Baltische Genealogische Gesellschaft, Herdweg 79, 64285 Darmstadt
5. Verein für Familienforschung in Ost- und Westpreußen, An der Leegde 23, 29223 Celle
6. Vereinigung Sudetendeutscher Familienforscher, Stadt Regensburg, Amt für Archiv und Denkmalpflege, Postfach 110643, 93019 Regensburg

Weitere wichtige Einrichtungen und Adressen

Bad Oeynhausen: Bund für Deutsche Schrift und Sprache, Postfach 10 10 03, 32510 Bad Oeynhausen

Berlin: Deutsche Dienststelle für die Benachrichtigung der Angehörigen von Gefallenen der ehemaligen deutschen Wehrmacht, Eichborndamm 179, 13403 Berlin

Berlin: Krankenbuchlager Berlin, Landesamt für Gesundheit und Soziales, Sächsische Straße 28, 10707 Berlin

Großenkneten: Bund für Deutsche Schrift, Fichtestraße 4, 26197 Großenkneten (Fakten und Informationen zur altdeutschen Schreibschrift)

Lünen: Verein für Computergenealogie e.V., Lampehof 58, 28259 Bremen

München: Zentralstelle der Heimatsortskarteien, Lessingstraße 1, 80336 München (Daten über Flüchtlinge, Vertriebene und Aussiedler)

Paderborn: Gemeinschaft für deutsche Studentengeschichte, GDS-Institut im Stadtarchiv Paderborn, Pontanusstraße 55, 33102 Paderborn

Siegburg: Bund Heimat und Umwelt in Deutschland, Bundesverband für Natur- und Denkmalschutz, Landschafts- und Brauchtumspflege e.V., Adenauerallee 68, 53113 Bonn

Vergessen Sie nicht: Die hier präsentierten Adressen sind nur eine kleine Auswahl. Sie werden im Rahmen Ihrer Recherchen sicher noch auf zahlreiche weitere Informationsquellen stoßen.

Über den Autor

Pat Lauer hat Geschichte, Germanistik und Anglistik studiert. Sein Interesse galt dabei besonders der Geschichte des 19. und 20. Jahrhunderts. Seit Jahren arbeitet er als freier Journalist für mehrere Radio- und Fernsehsender sowie für Zeitungen und Zeitschriften. Pat Lauer hat des Weiteren mehrere Bücher zu geschichtlichen Themen verfasst.

Hinweis

Das vorliegende Buch ist sorgfältig erarbeitet worden. Dennoch erfolgen alle Angaben ohne Gewähr. Weder Autor noch Verlag können für eventuelle Schäden, die aus den im Buch gemachten Hinweisen resultieren, eine Haftung übernehmen.

Bildnachweis

AKG, Berlin: 77 (Erich Lessing), 2, 9, 20, 26, 35, 44, 49, 70, 71, 92, 110, 120, 142; bpk, Berlin: 12 (Max Skladanowsky), 31 (N.N.), 75 (Friedrich Seidenstücker); Fotoarchiv, Essen: 18 (Heiner Blum), 59 (Knut Müller), 97 (Jörn Sackermann); getty images, München: 94 (Bruce Ayers), 105 (Andy Sacks), 137 (Jeremy Walker); Visum, Hamburg: 16 (Rudi Meisel)

Alle Illustrationen stammen von Christian Weiß, München.

Der Text dieses Buches entspricht den Regeln der neuen
deutschen Rechtschreibung

ISBN: 978-3-8094-2248-8

Umschlaggestaltung: Atelier Versen, Bad Aibling
Redaktion dieser Auflage: Anja Halveland
DTP/Satz: Veronika Moga

Druck und Bindung: Těšínská Tiskárna a.s.,
Cĕský Tĕšín (CZ)
Printed in the Czech Republic

597/038620100X817 2635 4453 6271

Register

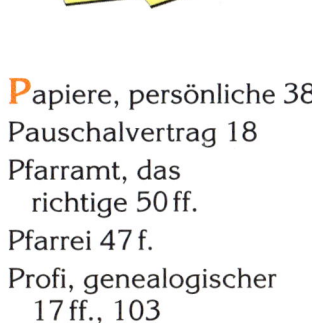